电力企业信息化微应用技术

国网天津市电力公司信息通信公司 编

中国电力出版社
CHINA ELECTRIC POWER PRESS

内 容 提 要

本书介绍了电力企业信息化微应用技术的研究难点与应用要点。首先，本书简要介绍了电力企业信息化微应用技术的研究背景及发展历史，对微应用平台架构中的各项技术以及平台的设计、实现、部署、应用做了相关说明；其次，本书就微应用快速开发技术和柔性业务流程技术的实现，以及微服务架构下云平台业务管理架构搭建的细节做了详尽描述；再次，本书对微应用平台的一些典型应用进行了详细说明，并着重介绍了基于云平台的企业项目管理系统；最后，在以上技术说明后，本书就基于微服务架构的服务发现可靠性以及基于服务域的微服务组织部署及发现从学术角度做了相关分析，并展望了微应用平台的发展趋势及技术方向。

本书可供广大电力企业工作人员及信息化微应用领域研究人员参考使用。

图书在版编目（CIP）数据

电力企业信息化微应用技术/国网天津市电力公司信息通信公司编. —北京：中国电力出版社，2024.5
ISBN 978-7-5198-8613-4

Ⅰ. ①电… Ⅱ. ①国… Ⅲ. ①电力工业－企业信息化－研究 Ⅳ. ①F407.61

中国国家版本馆 CIP 数据核字（2024）第 060545 号

出版发行：中国电力出版社
地　　址：北京市东城区北京站西街 19 号（邮政编码 100005）
网　　址：http://www.cepp.sgcc.com.cn
责任编辑：肖　敏（010-63412363）
责任校对：黄　蓓　马　宁
装帧设计：赵丽媛
责任印制：石　雷

印　　刷：三河市百盛印装有限公司
版　　次：2024 年 5 月第一版
印　　次：2024 年 5 月北京第一次印刷
开　　本：710 毫米×1000 毫米　16 开本
印　　张：7.25
字　　数：108 千字
印　　数：0001—1500 册
定　　价：40.00 元

版 权 专 有　侵 权 必 究

本书如有印装质量问题，我社营销中心负责退换

本书编委会

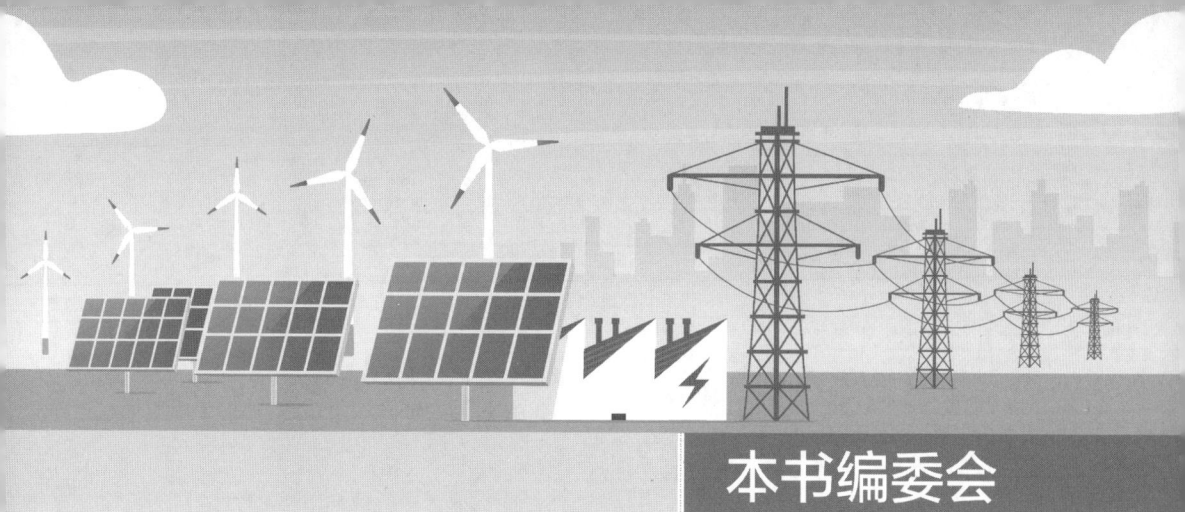

编写人员：张　旭　王剑峰　于海涛　杨　青

前言

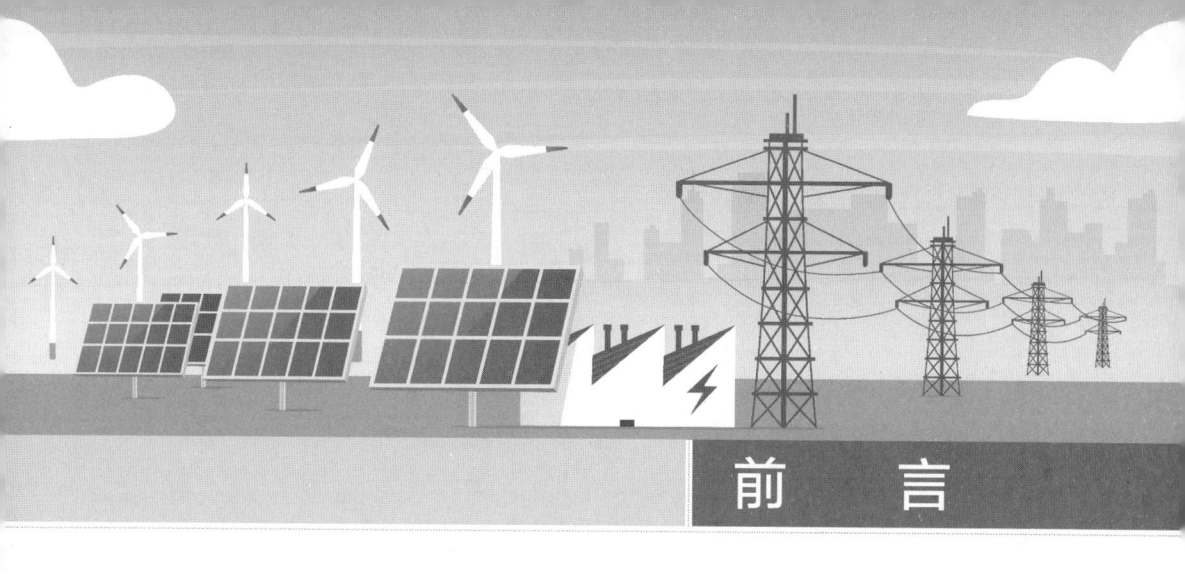

随着电力企业信息化程度的不断提高，微应用技术开始融入管理生产当中，尤其是电力企业中微应用的部署极大提高了管理生产效率。为进一步提高电力企业管理人员的技术理解能力，在工作学习中给广大研究人员提供实用的参考资料，特编写《电力企业信息化微应用技术》一书。

本书从多个维度出发，就微应用技术的重难点及前沿研究成果进行了详细说明。全书分为八章，第一章为概述；第二章至第五章为微应用的详细技术说明，包括微应用平台架构、微应用快速开发技术和柔性业务流程技术、微服务架构下云平台业务管理架构搭建以及微应用平台的典型应用；第六章和第七章为相关前沿学术研究介绍，包括基于微服务架构的服务发现可靠性研究和基于服务域的微服务组织部署及发现研究；第八章为微应用平台的发展趋势及技术展望。

本书主要针对微应用技术中较为主流的技术进行介绍，该类技术已经过各电力企业的实践检验，相关理论及技术较为完整。本书内容丰富，语言简练，结构紧凑，图文并茂，生产管理实用性强，有利于相关人员学习借鉴以提高管理水平并开阔学术视野。

由于编者水平有限，书中难免存在疏漏与不足之处，恳请有关专家和读者批评指正。

编 者

2024 年 1 月

目 录

前言

第一章 概述 ... 1
第一节 电力信息化建设历程 ... 1
第二节 微应用技术研究 ... 2
第三节 国内电力企业微应用研究 ... 8

第二章 微应用平台架构 ... 10
第一节 微应用平台架构基础 ... 10
第二节 微应用平台架构的设计与实现 ... 14
第三节 微应用平台架构的部署及应用 ... 18

第三章 微应用快速开发技术和柔性业务流程技术 ... 22
第一节 微应用的业务流程化管理 ... 22
第二节 结构化与非结构化混合模式下的数据管理 ... 29

第四章 微服务架构下云平台业务管理架构搭建 ... 31
第一节 云服务与云平台的概念及种类 ... 31
第二节 传统建设方式与云平台建设方式 ... 35

第五章　微应用平台的典型应用 ································· 37

第一节　微应用平台发展背景 ································· 37
第二节　智能云平台业务整合管理系统 ······················· 38
第三节　基于 Docker 容器的微应用平台 ····················· 40
第四节　基于云平台的业务流程管理平台 ····················· 43
第五节　基于微应用的智慧容器云架构 ······················· 44
第六节　基于微服务架构的云平台 ··························· 51
第七节　基于云平台的企业项目管理系统 ····················· 55

第六章　基于微服务架构的服务发现可靠性研究 ··············· 70

第一节　微服务架构的用户体验和好处 ······················· 70
第二节　微服务架构的研究现状及成果说明 ··················· 72
第三节　基于微服务架构系统的服务发现与建模分析 ········· 75

第七章　基于服务域的微服务组织部署及发现研究 ············· 90

第一节　微服务组织部署及发现机制研究背景 ················· 90
第二节　微服务组织部署与发现机制概况 ····················· 91
第三节　负载均衡与资源调度概况 ··························· 96
第四节　微服务组织部署模型与方法 ························· 98
第五节　微服务中的通信模式 ······························· 101

第八章　微应用平台的发展趋势及技术展望 ·················· 104

第一节　服务网格白热化 ··································· 104
第二节　事件驱动架构的崛起 ······························· 104
第三节　安全模型的变化 ··································· 105
第四节　从 REST 到 GraphQL ······························ 106

第一章 概述

第一节 电力信息化建设历程

一、电力信息化建设发展阶段

（1）第一阶段。该阶段的信息技术应用领域十分有限，主要集中在电力实验数字计算、工程设计科学计算、发电厂自动监测和变电站（所）自动监测等方面。其目标主要是提高电厂和变电站（所）生产过程的自动化程度、改善电力生产和输变电监测水平、加速工程设计计算流程，以及缩短电力工程设计周期等。

（2）第二阶段。该阶段为专项业务应用阶段，计算机系统在电力行业各业务领域都有应用，如电网调度自动化系统、发电厂生产自动化控制系统、电力负荷控制预测系统、计算机辅助设计系统、计算机电力仿真系统。在该阶段，大量企业开始开发建设用于信息管理的单项应用系统。

（3）第三阶段。该阶段为电力系统信息化建设的高速发展时期。网络技术的发展，特别是国际互联网的出现及大范围应用推动电力信息化建设实现了跨越式发展。信息技术应用的深度和广度达到了前所未有的地步。在电力企业信息化建设过程中，信息技术的应用逐步由操作层向管理层延伸，由单机、单项

目向网络化、整体化、综合化应用发展。

二、电力信息化建设现状

1. 网络系统初步建成

依据"统一领导、统一规划、统一标准、联合建设、分级管理、分步实施"的建网原则，国家电网有限公司（简称"国家电网公司"）的通信网、数据传输网和信息网络系统已初步建成。经过几十年的建设，电力专用通信网形成了以微波、载波、卫星、光纤、无线移动通信等为载体的综合通信体系，通信范围基本覆盖国家电网公司所辖的 26 个省（市）公司。2002 年电力体制改革后，已建成的国家电力公司调度系统数据网络（SPDnet）、国家电力公司信息网（SPInet）、电话会议网分别由国家电网公司与南方电网公司管理和运营，但仍保留了一定的联络和互访功能，以实现全国范围内的调度协调。

2. 信息化应用水平显著提高

（1）信息化建设极大推动了电网管理水平。
（2）企业管理信息系统建设提升了企业管理水平。
（3）发电生产管理信息化水平得到极大提高。
（4）电力规划设计实现数字化，达到了国际先进水平。
（5）电力营销管理实现信息化，提高了电力行业服务水平。

第二节　微应用技术研究

一、微应用技术研究背景

随着计算机信息技术的发展，业务管理的信息化很大程度上解决了长期困扰企业的发展瓶颈。为增强企业自身素质，提高管理水平，各企业不断在硬件基础设施和软件开发等方面加大投资力度。尽管投资规模的不断扩大有效提升了企业管理水平，但也带来了一些无法克服的问题。由于缺乏有效的控制手段，花费巨大建设的软硬件的利用效率因为各种因素而无法得到保证。此外，系统正常运行所投入的维护人员数量也成倍增加。这一系列问题的集中爆发影响了电力企业信息化的进程。

（1）在数据的统一性、完整性管理方面，电力企业一直走在前列。通过"整体规划、分步实施"的方式，电力企业利用企业资源规划（enterprise resource planning，ERP）实现了企业资源的集中管理。ERP采用统一部署的方式将各个系统集中，实现了资源共享。但也存在部分系统由于其业务管理方式、适用范围、技术手段有较大差别，难以进行统一规划和部署，导致数据分布相对分散的情况。为实现系统间的数据共享，按照国家电网公司的要求，统一部署的系统基于数据仓库（data warehouse，DW）实现数据的集中管理，这为数据共享及决策分析创造了相应条件。但是，由于各方面条件的限制，数据仓库的建设也面临极大挑战，呈现出信息不全、采集途径不畅、服务方向不明等特征。

（2）在业务功能整合方面，电力企业通过企业门户集成各系统以实现单点登录。这种方式目前已应用于在大量企业，有效解决了系统多账号、多入口管理问题，减轻了管理负担，也在一定程度上降低了各系统的使用难度。但是从更深层次分析，这种方式的集成方法还局限在表层，并未达到真正意义上的业务融合和功能融合。

（3）在数据仓库建设方面，目前电力企业数据中心以面向服务的体系结构（service oriented architecture，SOA）为设计理念，在企业服务总线（enterprise service bus，ESB）结构的基础上，有效利用数据交换协议（data exchange protocol，DXP），采用操作数据存储（operational data store，ODS）+数据仓库（data warehouse，DW）+数据集市（data mart，DM）式设计架构，即数据资源池架构，技术上基本成熟，其总体系统架构、数据流向与具体技术方案如图1-1所示。

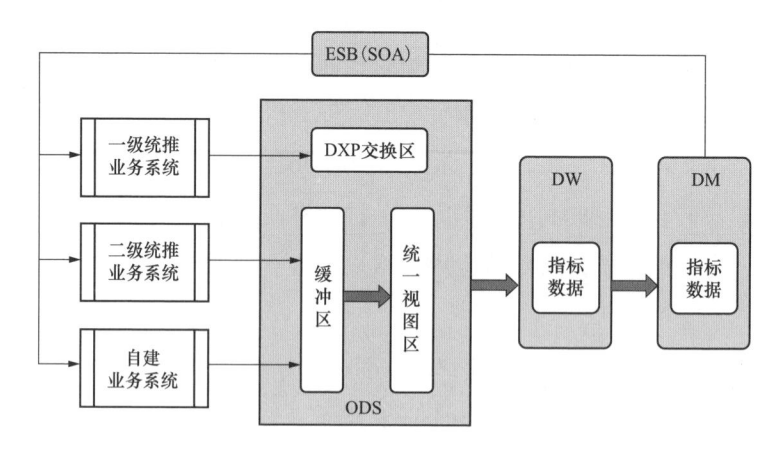

图 1-1 数据资源池架构

（4）在快速构建业务系统方面，目前较为流行的快速开发平台实质上就是以某种编程语言或者某几种编程语言为基础所开发的一个软件。该软件不是一个最终的软件产品，而是一个二次开发软件框架，目前有两种主要实现模式。

1）参数定制模式。在该模式下，利用开发平台开发业务系统时，开发者不需要编码，只需通过 Web 页面利用存放在系统数据库或 XML 文件中的参数进行参数定制即可。参数定制模式一般会结合引擎模式来使用，在系统运行时，引擎会调用由参数定制模式所管理的参数以展示页面和处理业务。这种开发模式受信息管理标准化的限制，对环境有特殊的要求，可延展性有限。

2）源代码生成模式。在该模式下，主要通过一个桌面式设计器来定义业务模块，以辅助生成源代码框架。用户可以在所生成的源代码的基础上进行编写、修改，包括生成、修改 JSP 页面，最终实现所需的业务逻辑。这种开发模式对开发人员的技术水平要求极高，应用较为有限。

随着业务的发展，各企业的业务数据迅速增加，如何利用这些数据实现数据的全面采集、快速抽取、及时处理、多样化展现，关键在于数据仓库的建设。目前，数据仓库技术已经比较完善，不断出现的数据处理技术正通过云平台得到体现。

二、微应用技术研究简介

实际上，微应用（Micro-application）是一种类似于微服务的架构，它将微服务的理念应用于浏览器端，即将 Web 应用由单体应用转变为多个小型前端应用聚合体的应用。微应用更多指的是一种架构风格，其更多的技术细节与微服务实际上是一致的。本小节将从微服务的概念及技术细节出发以更好地阐述微应用。

1. 微服务的基本概念

微服务需要从两个方面去理解：什么是"微"？什么是"服务"？所谓"微"，狭义来讲就是体积小。著名的"双披萨团队（Two-pizza team）"很好地诠释了这一点。"双披萨团队"最早是由 Amazon 的 CEO 杰夫·贝佐斯（Jeff Bezos）提出的，大意为使团队保持在两个披萨能让队员吃饱的规模水平。而所谓"服务"，是指一个或者一组相对较小且独立的功能单元，是用户可以感知的最小功能集。它与完整的系统是有很大差别的。

微服务最早是由马丁·福勒（Martin Fowler）与詹姆斯·刘易斯（James Lewis）于 2014 年共同提出的。微服务使用一套小服务来开发单个应用，每个服务运行在自己的进程中，其通信方式通常是使用 HTTP API 的轻量级机制。微服务围绕业务能力构建，一般使用不同的编程语言及不同的数据存储技术，能够通过自动化部署机制实现独立部署，并保持最低限度的集中式管理。

2. 微服务架构设计理念

微服务架构最初是由国外著名互联网公司 Amazon、eBay、Netflix 等在实践中逐步建立起来的一套用于处理复杂语言应用系统的架构方法论。其核心理念是，将复杂应用系统以独立单元的形式拆解成多个服务，其中每个服务紧密围绕特定的具体业务，并各自选择最合适的技术进行实现。每个服务在独立运行的进程中，形成了多个高度内聚的自治单元，服务间采用 REST/JSON 等轻

量级通信机制进行沟通并相互配合,最终以实现完整应用。

微服务架构继承了 SOA 的特点,但又有所不同。SOA 更关注基于企业服务总线的编排操作,而微服务架构更重视服务的松散自治,强调服务的独立开发、独立部署和独立运行。微服务架构降低了传统企业服务总线开发的复杂性,具有灵活、可实施及可扩展的优点。

微服务架构理念是敏捷开发、持续交付、虚拟化等技术理念快速发展推动的产物。基于微服务架构设计规划新一代企业移动办公平台时,可以在不影响现有业务运行的情况下,将传统 PC 端复杂的应用分解成不同功能的服务接口,快速重构适用于移动端的低耦合、易扩展、可延伸的应用系统。从平台建设的角度来看,系统的演进往往是通过局部的新增、改进或替换来实现的。而微服务架构不同服务间的变化周期客观上也是不同步的,升级部署时只需局部更新过时的组件即可。微服务架构的这一本质属性与实际系统的渐进式演进规律是极为契合的。

3. 单体架构

单体架构将所有的功能打包在一个 WAR 包里,基本没有外部依赖(除了容器),一般部署在一个 JEE 容器(Tomcat、JBoss、WebLogic)里,包含 DO/DAO、Service、UI 等逻辑。单体架构如图 1-2 所示。

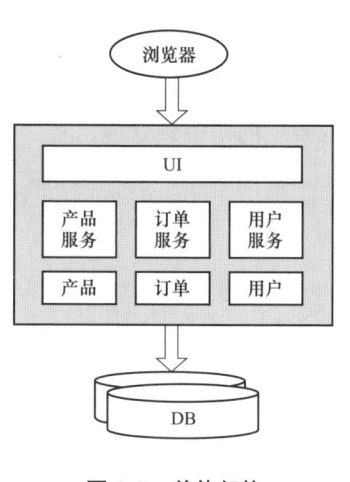

图 1-2 单体架构

(1)单体架构比较适合小项目,其优点在于:

1)开发简单直接,集中式管理。

2)基本不会重复开发。

3)功能都集中在本地,没有分布式的管理开销和调用开销。

(2)单体架构的缺点在于:

1)开发效率低,所有的开发工作在同一个项目中进行,递交代码相互等待,代码冲突不断。

2)代码维护难,所有代码功能耦合在一起,非专业技术人员难以维护。

3）部署不灵活，任何小修改必须重新构建整个项目，而重构过程往往需要较长时间。

4）稳定性不高，一个微不足道的小问题就可能导致整个应用崩溃。

5）扩展性不够，无法满足高并发情况下的业务需求。

4. Web 系统架构

Web 系统架构以快速上线、快速迭代方式发布单一系统为主要模式。单一系统易于开发调试、部署简单，只需要打包应用复制到服务器端即可，通过在负载均衡器后端运行多个复制的无状态服务就可以轻松实现应用的横向扩展。但随着需求的变更，企业系统逐渐演变得越来越复杂，任何单个的开发人员都无法做到熟悉整个系统，修补漏洞和正确地添加新功能变得困难且极为耗时。

5. 微服务架构的优势

微服务架构将服务拆分，分别采用相对独立的服务对各方面进行管理，服务间使用统一接口进行交流，如此架构虽然变得复杂，但优势却更为明显地体现出来：

（1）解决了复杂性问题。微服务架构将庞大的单一应用分解为一系列服务，同时保持总体功能不变。应用被分解为多个可管理的分支或服务后，每个服务都有良好的定义边界，以远程过程调用（remote procedure call，RPC）驱动或信息驱动的应用程序接口（application program interface，API）的形式进行服务间交互。微服务架构模式下，各服务的代码库是独立的，因此单个服务的开发速度会更快，而且更易理解和维护。

（2）每个服务都能实现独立开发。开发者能够自由选择技术，服务来决定 API 约定。当然，大多数企业会通过限制技术选择来避免完全失控。但这种自由仍然将开发者从被迫使用项目所依赖的陈旧技术的桎梏中解放出来，促使开发者能够使用新技术来编写新服务。另外，由于这些服务本身相对较小，用新技术重写旧服务也是可行的，这进一步体现了微服务架构的优势所在。

（3）每个微服务都能独立配置。开发者不必协调发生在本地服务配置上的

变化，这种变化一旦测试完成就被配置好了。例如，UI 团队可以在执行 A/B 测试后立刻对 UI 的变化进行迭代。微服务架构模式使本地服务配置的不断更新成为可能。

（4）每个服务都可以独立调整。开发者可以给每个服务配置正好满足容量和可用性限制的实例数，同时可以分配适合服务资源需求的硬件到具体的每个微服务。

目前，企业系统的主流设计一般都采用微服务架构，如图 1-3 所示。简单来说，微服务的目的就是有效地拆分应用，实现敏捷开发和迅速部署。

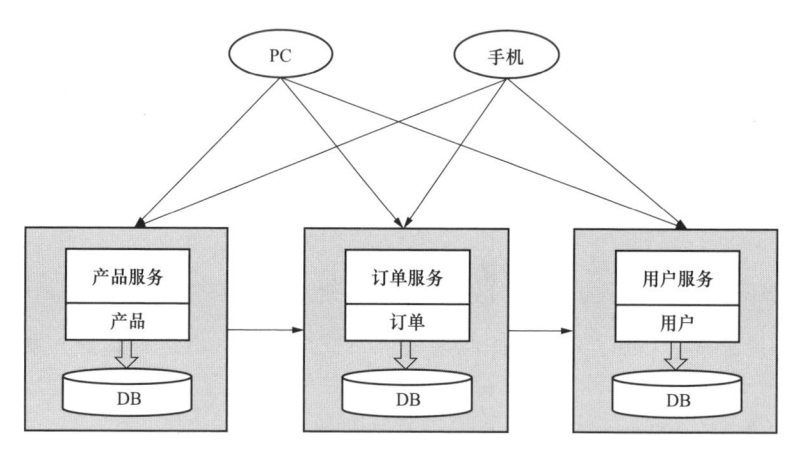

图 1-3 微服务架构

第三节 国内电力企业微应用研究

国内电力企业微应用的主要特征是轻量级、易开发、易部署。微应用部署包体量小，便于快速完成服务启动和资源回收，弹性伸缩能力强，能够很好地满足高并发和大波动量的应用需求。微应用之间独立部署，出现问题时能够快速进行故障隔离，对整个业务应用的可靠性影响较低。所以电力企业主要利用微应用来提供一些便捷的功能和服务，如电费查询、用电管理、故障报修、能源监测等。同时，由于微应用可以在移动端、桌面端或 Web 端快速开发和运行，在某些电力企业的具体业务场景中具备极大的适应性优势。

为提高电力企业的业务效率和用户满意度，降低开发和运维成本，微应用在国内电力企业已经得到了应用和推广。例如，国网江苏省电力有限公司推出了"江苏电力"微应用，集成了电费查询、缴费提醒、用电分析、智能客服等多个功能模块，为用户提供了便捷的用电服务；国网河北省电力有限公司推出了"河北电力"微应用，集成了用电管理、故障报修、在线咨询、节能减排等多个功能模块，为用户提供了智慧的用电服务；国网上海市电力公司推出了"上海电力"微应用，集成了能源监测、能效评估、节能方案、能源咨询等多个功能模块，为用户提供了专业的能源服务。微应用在电力企业的应用为用户带来了便利和价值，也为电力企业带来了效益和竞争力。然而，国内电力企业的微应用还存在一些不足和挑战，如技术标准不统一、安全风险较高、用户体验不够优化等，还需要进一步改进和完善。

第二章

微应用平台架构

第一节　微应用平台架构基础

一、微应用平台架构简介

微应用平台架构参考了国家电网公司数据中心（ODS+DW+DM）典型架构的整体构建细节，同时考虑到了微应用业务数据的特殊要求，以主数据的唯一性、统一性、可靠性、共享性为平台的核心管理机制。在此基础上，微应用平台架构通过对流转对象的灵活定义、配置及版本控制，提高了业务流程管理的通用性，简化了流程管理和应用难度。在数据采集及数据输出环节，微应用平台架构引入了模板式管理思路，利用各种成熟的技术，将相关处理及数据展示模板化。在数据存储方面，微应用平台架构实现了结构化数据与非结构化数据的统一存储、搜索及再利用，从而有效降低了数据的使用难度，体现了管理方式的灵活性和方便性。从对旧有手段的有效利用来说，微应用平台架构结合了多种成熟的数据采集工具，有效利用了系统内现存的数据校验手段及数据审核流程控制，不需要过高的开发成本就可以实现电力企业中的有效应用。

二、在电力企业中的应用需求与技术优势

1. 微应用平台架构在电力企业中的应用需求

首先，需要对电力企业各部门及各单位信息数据的管理现状进行全面分析，梳理各微应用中数据之间的关联关系，从而形成一种简洁、统一、安全、可靠的管理机制。其次，需要建立数据采集的模型化工具，以完成对各类数据的采集、分析、分解整理、关联性校验和归档。实际上，在电力企业内部应用的微应用平台架构还需要满足国家电网公司电网数字化管理标准。再次，需要在详细分析电力数据指标的特点后确立电力系统主数据的管理机制，从而为各部门的集中化应用提供支持，与"五位一体"的管理流程实现完全衔接。最后，就流程标准化的要求而言，需要开发标准化的快速开发工具，同时集成统一目录、统一权限管理平台，以完成数据的流程化审核。

2. 微应用快速开发技术和柔性业务流程技术

以业务管理流程化为突破口，引入流转对象，电力企业微应用平台架构对传统流程管理机制进行了创新，实现了流转对象和流程体在逻辑上的分离。通过引入数据模板的概念，电力企业微应用平台架构建立起了主数据抽取、加载、转换、质量管理、复制和同步的管理机制，通过有效地结合各类数学统计算法来挖掘业务数据的关联性，形成了满足不同业务需要的决策分析模型。电力企业微应用平台架构以可视化、模块化、组件化的思路，完成了柔性业务流程的搭建和部署，解耦了流程管理与业务数据，成倍地提高了流程定制、调整的效率，保证了跨部门、跨专业的微应用业务管理平台的开放性及运行的稳定性。

3. 结构化与非结构化混合模式下的数据管理

基于 Hadoop 开源产品体系，电力企业微应用平台架构明确了企业大规模结构化、非结构化数据的一体化分析处理需求。在对微应用业务处理过程中采集的结构化数据、非结构化数据以及半结构化数据的分析基础上，电力企业微应用平台架构以一种统一的管理模式，实现了对数据的存储、搜索及再利用。

三、微应用平台架构的应用原则

微应用平台架构在电力企业中的应用应从建立主数据管理机制的角度出发，结合"五位一体"业务流程管理模式，融合统一权限管理（unified permission management，UPM）等标准化技术，以统一化、完整化、制度化、科学化为规划思路，有效管理数据采集、数据管理、数据汇总分析、数据展现的各个方面，完成业务流程的全覆盖，最终实现信息管理的"六统一"。所谓"六统一"，具体是指：

（1）基础数据统一共享，即各类数据的整合和关联调用。

（2）业务模块统一支持，即提供标准流程引擎和消息级别机制，支持各种业务实现需求。

（3）标准规范统一落实，即提供可用于标准规范更新查阅的工具，以及时在工作流程中实例化相关标准规范。

（4）人机界面统一风格，即人机界面风格、操作习惯整体统一，便于基层人员迅速掌握。

（5）系统资源统一管理，即认证入口唯一，分级分类权限控制机制配置管理唯一。

（6）数据交换统一配置，即内嵌数据交换引擎，业务模块和分布系统数据自动同步。

四、微应用平台架构的支撑技术

1. 云平台技术

云平台技术通过网络将庞大的计算进程自动分拆成若干子程序，再由多部服务器所组成的庞大系统搜索、计算分析之后将处理结果回传给用户。通过该技术，远程的服务供应商可以在数秒之内处理数以千万计甚至亿计的信息。随着企业内部管理需要以及数据安全性要求的增加，在公有云基础上拓展而来的私有云得到了各大企业的青睐。私有云采用虚拟化技术，利用信息系统硬件资源池和公共数据资源池，使信息资源的管理者可以集中监控资源的总体利用情况，从而为信息基础设施的投资规模提供更好的决策支持。

2. 数据仓库技术

数据仓库技术实际上是 Web Service 技术、反向级联技术等多种技术的集合。Web Service 技术要求各个系统按照数据仓库的标准化要求采集各类数据，并利用推送或数据抽取的技术将数据推送至数据中心操作数据存储缓冲区。在电力企业中，数据抽取技术一般采用抽取-转换-装载（extract transformation load，ETL）工具将业务系统中的指标数据接入操作数据存储缓冲区。数据推送或数据抽取的技术方案均通过执行 ETL 程序将业务数据从操作数据存储缓冲区抽取至统一视图区（ETL1-1）。数据仓库与数据集市作为数据中心平台与数据共享的业务数据通道，负责执行 ETL 程序集，将所需业务系统数据抽送至数据仓库中。以企业服务总线封装的 SOA 技术辅助建设数据仓库向业务系统侧的反向数据级联通道，通过反向级联技术能够将数据仓库的稳定数据实时传输到各个业务系统中，以真正满足"一键式"录入的操作要求。

3. 统一权限管理平台

统一权限管理平台为电力企业研发单位提供了一套应当遵循的开发标准

和服务规范。统一权限管理平台能够节省授权体系的设计、研发时间工作量，缩短研发单位的软件开发周期和工作量。

第二节　微应用平台架构的设计与实现

一、总体方案

微应用架构是一套完整的实现平台，由基础平台、业务共享微服务共同构成，可供集团、分公司两级使用。集团总部将一套完整平台派发到各分公司，各分公司可根据自身的实际业务情况对完整平台的子系统进行选配，构成本单位的综合管理业务系统。当实际业务与完整平台不一致时，可通过业务定制的方式进行个性化开发来满足自己的实际需要。微应用平台功能架构如图 2-1 所示。微应用平台架构从以下四个方面来实现。

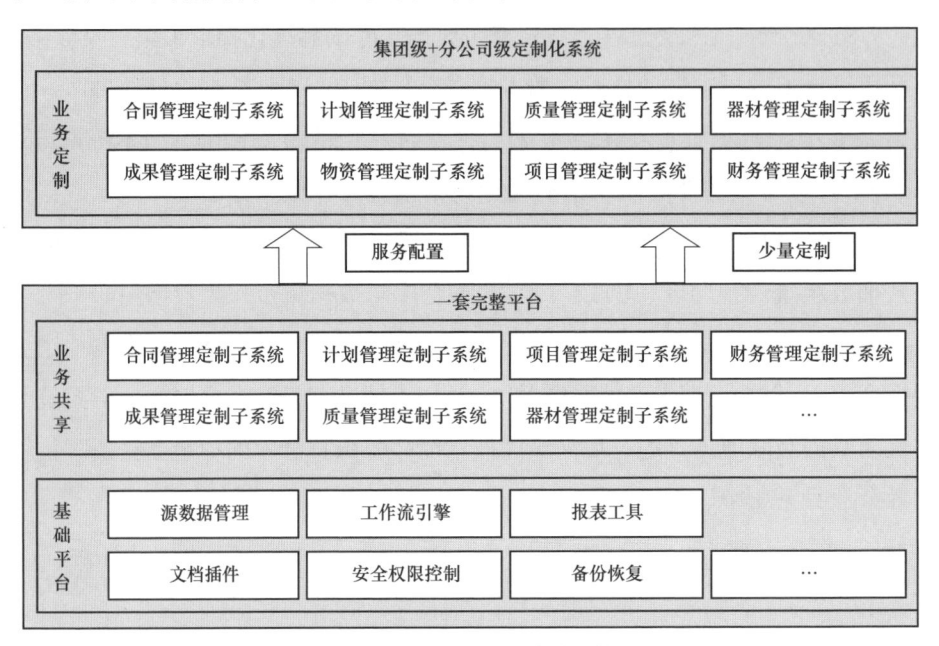

集团级+分公司级定制化系统				
业务定制	合同管理定制子系统	计划管理定制子系统	质量管理定制子系统	器材管理定制子系统
	成果管理定制子系统	物资管理定制子系统	项目管理定制子系统	财务管理定制子系统

⇧ 服务配置　　⇧ 少量定制

一套完整平台				
业务共享	合同管理定制子系统	计划管理定制子系统	项目管理定制子系统	财务管理定制子系统
	成果管理定制子系统	质量管理定制子系统	器材管理定制子系统	…
基础平台	源数据管理	工作流引擎	报表工具	
	文档插件	安全权限控制	备份恢复	…

图 2-1　微应用平台功能架构

二、业务架构

微应用平台能够满足电力企业各部门及各基层单位业务的信息化管理需要，可采用流程化的手段来实现业务数据上报、审核、统计、分析和汇总的管理。通过微应用平台可以实现各类微应用的统一化和集中化管理。微应用平台业务架构如图 2-2 所示。

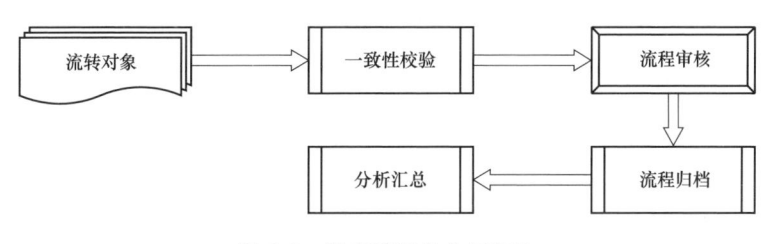

图 2-2 微应用平台业务架构

三、应用架构

微应用平台为电力企业各部门及各基层单位业务提供了统一的管理平台，通过业务申请、流程配置、部署和统一管理实现了业务流程的自动化管理。微应用平台应用架构如图 2-3 所示。

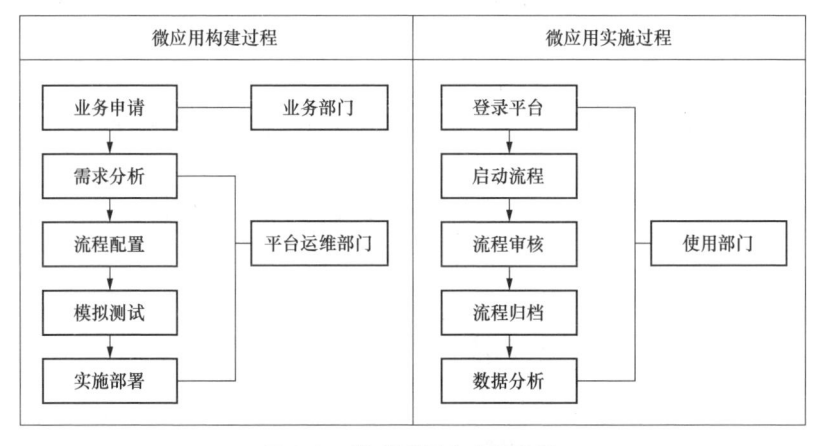

图 2-3 微应用平台应用架构

四、数据架构

国家电网公司总部统一建设系统通过数据仓库在一定程度上实现了数据的集中管理，但还没有完全解决数据唯一性以及再利用的问题，而且系统间数据的同步和共享难以高效实现。此外，游离在各类系统之外的信息数据缺乏统一的管理手段来实现采集、分析、转换和汇总。微应用平台基于国家电网公司对各类资源池管理的标准，借鉴目前国家电网公司数据中心（ODS+DW+DM）典型架构而设计。业务数据资源池的建设有效解决了游离在各类系统外的信息数据的统一管理问题。微应用平台数据流逻辑架构如图2-4 所示。

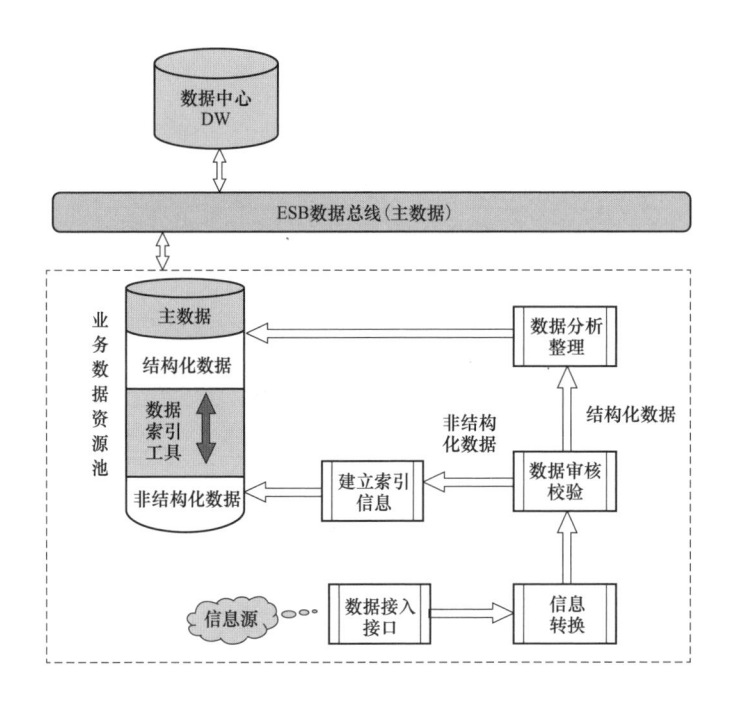

图 2-4 微应用平台数据流逻辑架构

微应用平台数据架构涵盖来源于各个方面的数据。这些数据种类繁多，格式千变万化，包括结构化数据和非结构化数据，表现形式多种多样。根据数据的特点进行合理分析、严格分类，以不同的处理手段进行分类处理，从而体现信息处理的高效、快速的特点，以满足业务服务的需要是十分必要的。对数据进行技术分类的具体方法见表2-1。

表 2-1　　　　　　　　　数据的技术分类方法

数据技术分类		具体内容	技术特性
结构化数据	主数据 基础数据	包括人员、组织机构、标准字典	基础数据是平台运行的支撑数据，数据变化频率较小
	业务数据	包括各类上报的数据及业务生成的数据	业务数据是数据处理的核心，是数据资源池的基础
	汇总数据	各部门用于管理、分析、决策的数据	汇总数据是通过业务数据的汇总生成的稳定数据
	事务数据	包括各类业务中间数据、用于追溯历史的关键信息，以及实时监控数据、异常报警数据等	事务数据实时记录整个平台的业务处理情况，数据变化频率较大
	非结构化索引信息	建立对非结构化数据访问的索引，便于非结构化数据的管理	数据相对比较稳定
结构化数据		主要指各种文件数据，包括视频文件、图像文件以及其他种类的电子文档	业务处理中需要产生的各类非结构化数据，在结构化数据中记录其索引信息

五、技术架构

在技术架构的实现上,微应用平台遵循 J2EE 技术体系,采用组件化、动态化的软件技术,利用一致的可共享数据模型,按照界面控制层、业务逻辑层、数据层实现多层技术体系设计。微应用平台实现了各接口组件的协同工作,可在各层次上集成并实现重用,以满足各电力企业内部各项业务流程的管理需求。

第三节 微应用平台架构的部署及应用

一、轻量级微服务部署架构

开发人员实现微服务的代码细节后,首先需要确保所写代码的可用性。开发人员往往会借助单元测试工具来保证这一点。开发人员将源代码提交并推送到代码仓库后,部署中心将从代码仓库中获取源代码,并执行编译与打包操作。部署中心还需要从配置中心获取对应运行环境的配置参数以生成相应的配置文件,并将这些配置文件与应用程序一同复制到 Docker 镜像中,最后将该镜像上传到镜像仓库,以便后续从镜像仓库中下载指定镜像,从而运行相应的 Docker 容器。为了便于描述,本小节将该容器称为"服务容器",它包含了承载微服务的应用程序及其配置文件。

部署中心还支持扫描源码后自动生成 API 文档站点,以便其他技术人员随时从文档站点中查看最新部署服务所包含的 API 文档。部署中心还允许对所需完成的微服务仅提供简单的代码实现,这样就可以尽可能提前微服务文档的输出时间,以便其他技术人员能够更早地了解到微服务的相关 API 信息,以完成更加细节的代码实现。

当 Docker 镜像上传到镜像仓库后，部署中心可在不同的运行环境下根据特定的镜像来启动相应的服务容器。当服务容器启动后，会自动将其配置信息写入注册中心；与此同时，部署中心也会连接到注册中心，并设置服务的版本号，以便在后续调用服务时根据版本号来识别当前可用的服务。轻量级微服务部署架构如图 2-5 所示。由此可知，在微服务部署阶段中，部署中心为核心，可支配其他组件，以成功部署服务，因此确保部署中心的稳定性是极为重要的。

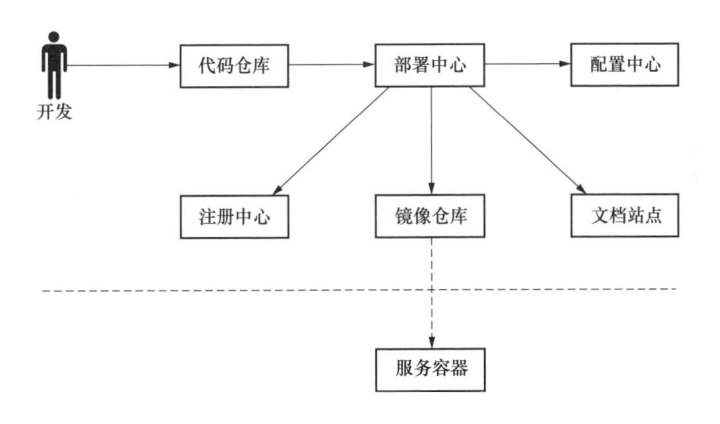

图 2-5 轻量级微服务部署架构

二、轻量级微服务运行架构

当用户通过浏览器或移动端访问应用系统时，用户请求首先会进入服务网关，因为它是所有请求调用的中心，所以也将其称为"调用中心"。随后调用中心将连接注册中心，并通过服务名称从注册中心中获取服务 IP 地址与端口号（服务地址），该过程称为"服务发现"。随后，调用中心可根据服务地址以反向代理的方式来调用具体的服务容器，该过程称为"服务调用"。在服务容器中可能会触发一些事件，这些事件将以消息的形式写入消息中心，以便其他服务可监听消息中心并从中获取相应的消息。消息中心可解决服务之间的耦合问题，同时能将同步调用转为异步调用，从而提高整个应用系统的吞吐率。服务容器

运行时会产生大量的日志,这些日志将被统一写入日志中心,并能在日志中心所提供的控制台上查询具体的日志信息。此外,日志中心有助于快速定位并分析系统出现的异常状况。监控中心将不断地收集服务容器的运行状态,包括 CPU、内存、硬盘、网络以及应用程序的 Java 虚拟机(Java virtual machine,JVM)内存使用情况,所输出的图形化数据是判断服务容器是否正常运行的重要依据。

由于微服务很难切割干净,服务之间难免会出现少量的调用关系,每次调用所产生的相关信息都会被写入追踪中心,并可通过追踪中心提供的图形化界面来查看服务之间的调用轨迹以及所产生的调用延时,从而分析出服务调用所产生的性能瓶颈。轻量级微服务运行架构如图 2-6 所示。由此可知,在微服务运行阶段,调用中心为核心,注册中心为数据来源,服务容器为调用目标。为满足与注册中心和用户的通信需求,调用中心需要具备良好的处理性能与高可用性等。

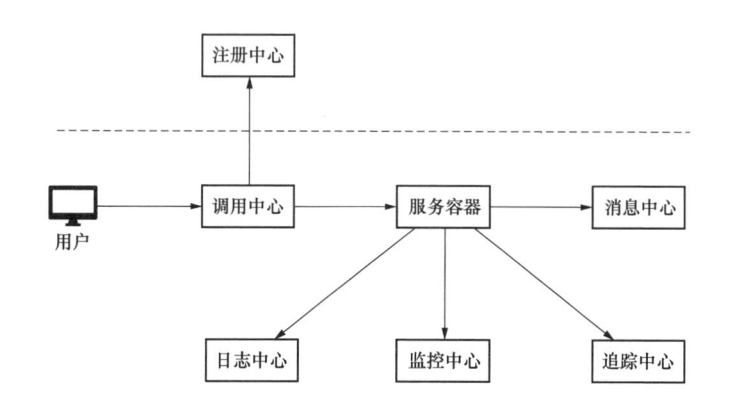

图 2-6 轻量级微服务运行架构

三、轻量级微服务全局架构

轻量级微服务全局架构如图 2-7 所示。实际上图 2-5 和图 2-6 组成了轻量级微服务全局架构。

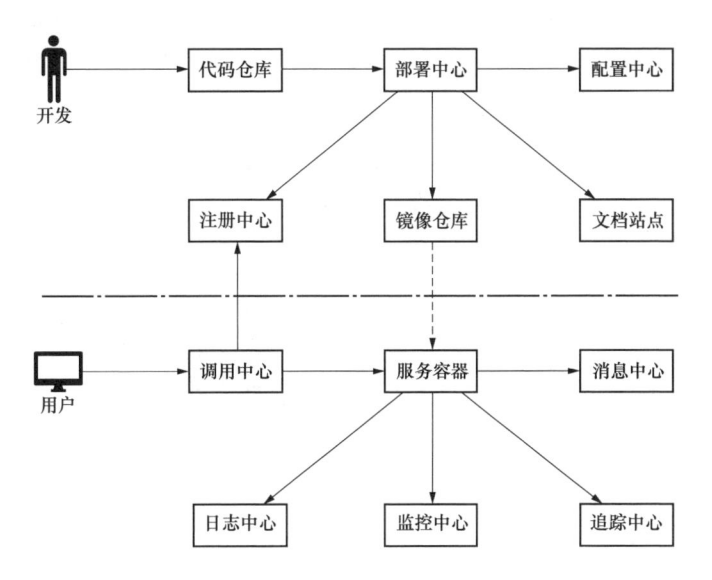

图 2-7 轻量级微服务全局架构

第三章

微应用快速开发技术和柔性业务流程技术

第一节 微应用的业务流程化管理

微应用平台的管理模型以流转对象为核心处理单元，以业务管理流程化为突破口，以标准化的流程管理为主体，实现应用实例搭建、投运和运维等全过程标准化作业管理。流程搭建运行逻辑如图 3-1 所示。

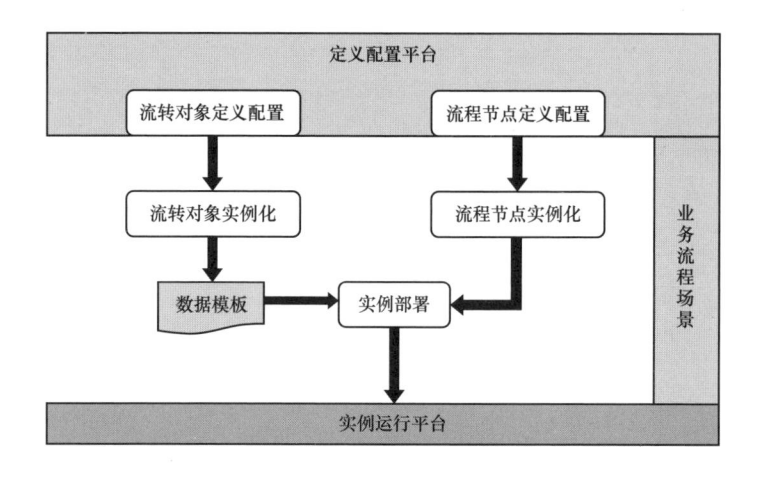

图 3-1 流程搭建运行逻辑

业务流程统一化管理机制的研究以"五位一体"体系建设为基础，以业务流程的信息化管理为突破口，以流程实现的标准化、灵活化为目的，保障数据采集、校验、分析和汇总渠道的畅通。流程管理功能框架如图 3-2 所示。

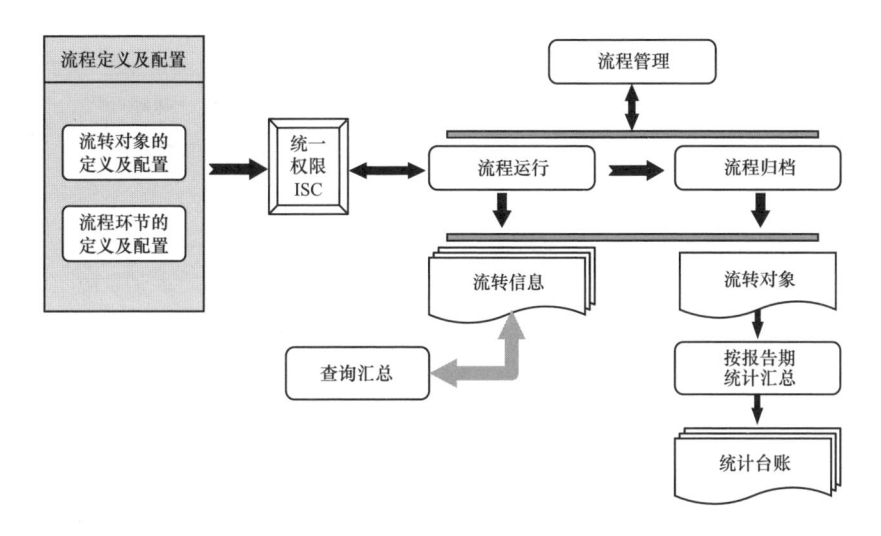

图 3-2　流程管理功能框架

一、流程定义及配置

为保证业务流程顺畅，流程定义及配置要快速、灵活、完整。流程定义及配置包括两个部分：流转对象的定义及配置和审核环节的定义及配置。

1. 流转对象的定义及配置

流程运行的目的是保证各类数据的完整采集。在整个流程定义及配置环节，流转对象的规划直接影响企业的组织架构、信息系统和生产实践。因此，流转对象的完整性是研究的重点，流转对象管理如图 3-3 所示。

流转对象的研究重点主要有以下几个方面：

（1）流转对象的灵活定制管理研究。为了适应业务发展和流程多样的需

求，提出模板化的方法，实现了流转对象的灵活定制管理。

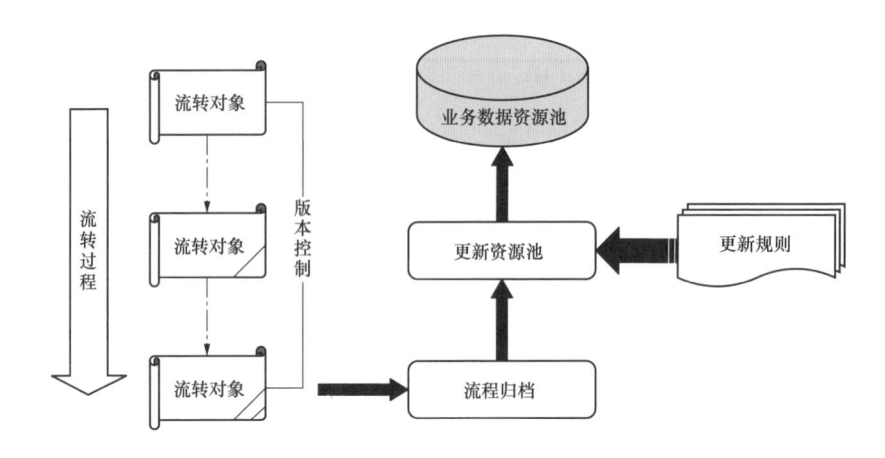

图 3-3　流转对象管理

（2）流转对象的多样性研究。数据分为结构化数据和非结构化数据两类。对于结构化数据，正常导入以完成数据的采集；对于非结构化数据，建立结构化索引与结构化数据关联，利用结构化数据管理机制实现对非结构化数据的合理分类存储。

（3）流转对象的版本管理研究。在整个流程运行过程中，对流转对象可能需要做局部调整，调整后，按照独立的版本对其进行管理。

2. 审核环节的定义及配置

为了体现其快速、灵活的特点，审核环节的定义采用多种方式：

（1）可以引用"五位一体"体系建设中的成果。

（2）可以引用历史流程的技术成果。

（3）可以自行定义审核环节，完成对现有成果的修正。

（4）可以预制一些通用节点，如标准审核节点等，以简化定义步骤。

使用可视化的流程定制工具，可以保证审核环节定义的简洁、直观，实现所见即所得的管理效果；同时，使用图形化的流程定制工具，完成整个流程节点的定制，如图 3-4 所示。

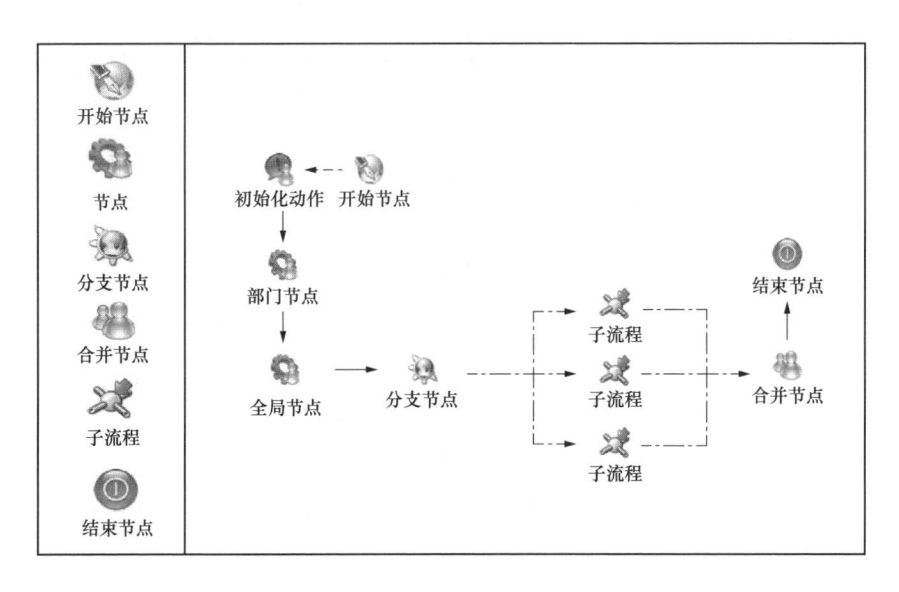

图 3-4 可视化流程定制

整个流程定义配置过程的特点见表 3-1。

表 3-1　　　　　　　　整个流程定义配置过程的特点

节点类型	开始/结束节点	
	部门节点	
	全局节点	
	分支节点	
	子流程	
	合并节点	建立与主流程的紧密合作
技术指标	定义过程所见即所得	
	与统一权限管理平台的自动绑定	
	对流转对象的版本控制	

25

续表

性能指标	定制时间控制在 2 天	在需求分析非常清楚的情况下
	测试及验证时间控制在 2 天	
	部署和联调时间控制在 1 天	

二、流程运行

建立统一的业务中心，以直观、全面地反映各项流程的运行状态，从而指导业务人员在周期性要求的时限内完成相关的工作任务，流程运行如图 3-5 所示。

图 3-5　流程运行

在统一权限管理的控制下，业务中心会自动筛选用户需要办理的相关流程，并以"提醒"方式通知用户，在严格权限控制下完成流程。

在整个流程运行过程中，重点研究以下几个方面：

（1）支持多样化数据采集方式。为了方便数据采集，减少业务人员的工作量，需要研究各类电子文件的接入方式，如 TXT 文件、WPS 文件、Excel 文件、XML 文件等，以实现其结构化转换。

（2）建立采集数据的有效性检测机制。数据采集的有效性要基于一定的规则,避免数据出现不必要的误差。

(3)考核流程执行情况。业务中心应控制流程节点的执行时限,合理评价流程执行效率,并对业务人员的工作积极性给予考核。

三、流程归档

流程执行完成后,将该流程归档,完成数据的更新工作。在整个流程归档过程中,重点研究以下几个方面:

(1)数据的更新机制。进行流程归档时,需要根据模板分析流转对象的数据,进行必要的格式验证,完成数据的更新工作。

(2)结构化数据的非格式化转换。对于归档的数据,为方便保存及不被更改,需要研究相关非结构化数据的特点,将结构化的归档数据进行非结构化转换。

四、流程管理

流程管理包括运行流程管理和归档流程管理,由于其特点不同,业务要求有较大的差别,因此需要探索不同的管理模式。

(1)运行流程管理。要求微应用可以实时监控各个流程的执行情况,了解其状态,并按照要求强制改变相关流程的现状。具体包括:①强制将流程退回到相关节点,并由该节点补充处理;②可强制插入节点,并由相关人员补充审核;③可强制终止流程。

(2)归档流程管理。对于归档流程,可按照重要程度保留不同时限。当达到时限时,便对归档流程进行清理,并以"提醒"的方式通知用户,实现软硬件资源的再分配,提高归档流程的应用效率。

五、数据汇总单元

对于数据汇总单元,要考虑其可行性、全面性,重点研究对流转对象的统

计汇总。流转对象统计研究的重点要放在对结构化数据的统计分析上。依据流转对象报告期数据自动创建电子统计台账，完成按照报告期、口径分类的数据汇总。报告期可分为日、月、季、年等多种。数据汇总单元数据处理逻辑框图如图 3-6 所示。

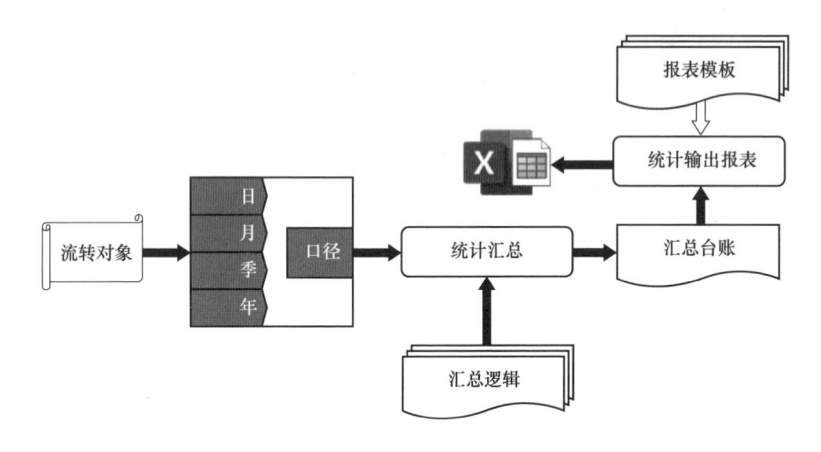

图 3-6 数据汇总单元数据处理逻辑框图

六、与其他系统衔接方式的扩展性研究

与其他系统衔接方式的扩展性研究应在充分调研业务需求的基础上，详细分析数据之间的逻辑关系，明晰其他系统的特点，研究不同系统之间稳定的衔接方式。与其他系统数据的融合如图 3-7 所示。

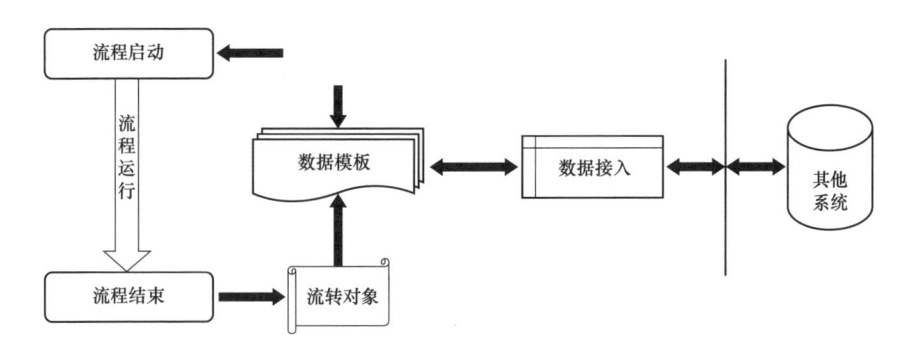

图 3-7 与其他系统数据的融合

（1）与其他系统的数据衔接。一方面，在创建流转对象时实现对其他系统数据的调用；另一方面，在流程归档时实现对其他系统数据的更新完善。通过以上流转对象与数据模板的灵活集成，保证数据的唯一性管理，实现与其他系统数据的完整融合和衔接。

（2）与大数据平台的接口衔接。基于 Hadoop 开源产品体系，采用 Kafka+Sqoop 数据采集技术，实现业务数据到大数据平台的迁移，完成基于分布式文件系统 HDFS、非关系型数据库 HBase、关系型数据库的数据存储以及基于流计算的数据处理。

（3）与移动平台的接口衔接。采用组件化的开发手段，通过业务组件的多模化、多态化调用方式，使用标准的 SOA，通过 Web Service 实现标准模式下移动平台的接入。

第二节　结构化与非结构化混合模式下的数据管理

利用关系型数据库实现对结构化数据的存储、搜索以及再利用是目前数据处理的重要技术手段，但对于各类办公文档、电子数据表格、图片文件、动画展示数据文件等非结构化数据，关系型数据库则难以达到理想的效果。

混合模式下的数据管理应从业务应用的角度和数据共享管理的角度出发，基于 Hadoop 开源产品体系，分析微应用业务处理过程中采集的结构化数据、非结构化数据以及半结构化数据，利用大数据平台特有的技术优势，构建分布式数据仓库和非关系型数据库，使用分布式文件系统存储非结构化数据，利用其统一的数据服务构建结构化与非结构化混合模式下的数据统一存储、搜索及再利用的管理机制。

一、标准体系建设

建设标准体系时应详细调研国家电网公司及各基层单位相关部室的业务

情况，选取代表性场景作为实例，综合计划管理流程、纪检问卷调查流程，完成应用实例搭建、投运和运维等全过程标准化作业，探索研究微应用平台的实施体系标准，建立起国网某电力公司微应用平台的框架式管理机制，形成长效、稳定的电力系统数据采集、审核和汇总途径。

二、硬件架构

微应用平台的硬件配置建设分为两部分：一部分为流程定义配置及实例测试环境，另一部分为实例运行环境。流程定义配置及实例测试环境在逻辑规划上需要两台服务器，其中一台为 Web 服务器，另一台为数据库存储服务器。实例运行环境在逻辑规划上需要三台服务器，其中一台为 Web 服务器，一台为结构化数据存储服务器，还有一台为非结构化数据存储服务器。为了以后扩展，建议配置一台接口服务器，以实现与其他系统之间的数据交换。

三、软件环境

由于微应用平台中涉及数据格式的转换机制，如 Excel 文件到结构化数据的转换，需要调用 Excel 的核心接口，并在服务器层面安装相关的 Office 组件，因此操作系统采用 Windows Server 2008。从标准化的角度，数据库采用 Oracle 数据库管理系统。Oracle 数据库管理系统集成了数据仓库平台，在降低管理和实施成本方面有明显优势。

平台的软件环境采用 J2EE 开发标准，使用目前流行的安全外壳（secure shell，SSH）集成框架，帮助开发人员在短期内搭建结构清晰、可复用性好、维护方便的 Web 应用程序。其中，使用 Struts 作为系统的整体基础架构，负责模型-视图-控制器（model-view-controller，MVC）的分离。在 Struts 框架的模型部分，控制业务跳转；利用 Hibernate 框架对持久层提供支持，实现 Java 类与数据库之间的转换和访问；用 Spring 管理 Struts 和 Hibernate。

第四章

微服务架构下云平台业务管理架构搭建

第一节 云服务与云平台的概念及种类

一、云平台概念

云平台是一种新型的支持应用的方式，它允许开发者将程序放在"云"上运行，或使用"云"提供的服务，或两者皆是。

二、云服务种类

1. 云服务

为掌握云平台，首先需要从大体上考察一下云服务，并把通过"云"提供的服务分为以下三大类：

（1）软件即服务（software as a service，SaaS）。SaaS 应用是完全在"云"上（一个 Internet 服务提供商的服务器上）运行的。其户内客户端（on-premises client）通常是一个浏览器或其他简易客户端。Salesforce 是当前最知名的 SaaS 应用。

（2）附着服务（attached service）。每个户内应用（on-premises application）自身都有一定功能，并可以不时地访问"云"上针对该应用提供的服务，以增强其功能。由于这些服务仅能为该特定应用所使用，因此可以认为它们是附着于该应用的。一个著名的消费级例子就是苹果公司的 iTunes。其桌面应用可用于播放音乐等，而附着服务使购买新的音频或视频内容成为可能。另一个著名的企业级例子就是微软公司的 Exchange 托管服务，它可以为户内 Exchange 服务器增加基于"云"的垃圾邮件过滤、存档等服务。

（3）未来云平台（cloud platform）。云平台提供基于"云"的服务，供开发者创建应用时使用。用户不必构建自己的基础，完全可以依靠云平台来创建新的 SaaS 应用。云平台的直接用户是开发者，而不是最终用户。

2. 应用平台

无论在户内环境还是在"云"上，一个应用平台都应该包含以下三个部分：

（1）基础（foundation）。几乎所有应用都会用到一些在机器上运行的平台软件。各种支撑功能（如标准的库与存储，以及基本操作系统等）均属该部分。

（2）基础设施服务（infrastructure service）。在现代分布式环境中，应用经常要用到由其他计算机提供的基本服务，如远程存储服务、集成服务及身份管理服务等。

（3）应用服务（application service）。随着越来越多的应用面向服务化，这些应用提供的功能可为新应用所使用。尽管这些应用主要为最终用户提供服务，但这同时也令它们成为应用平台的一部分。

3. 户内平台

为了对云服务这一抽象模型有具体的认识，下面将其与目前主流的户内平台加以对照。

（1）户内基础（on-premises foundation）。户内基础包括以下两部分：

1）操作系统（operating system）。Windows、Linux 以及 Unix 是主流选择。

2）本地支持（local support）。不同风格的应用采用不同的支持技术。例如，.NET 框架和 JavaEE 应用服务器为 Web 应用等提供了一般性支持，而其他技术则面向特定类型的应用。例如，Microsoft Dynamics CRM 产品提供了一个为创建特定类型的商业应用而设计的平台。类似地，不同种类的存储被用于不同的目的。Windows、Linux 及其他操作系统里的文件系统提供了原始字节的存储功能，而各种数据库技术（如 Oracle DBMS、MySQL、Microsoft SQL Server 及 IBM DB2 等）则提供了更加结构化的存储功能。

（2）户内基础设施服务（on-premisesin frastructure service）。户内基础设施服务包括以下三部分：

1）存储（storage）。基础设施服务里的存储分为多种风格。远程文件系统可以提供简单的面向字节的存储，而 Microsoft SharePoint 文档库则可以提供更加结构化的远程存储服务。应用也可以远程访问数据库系统，从而能够访问其他种类的结构化存储。

2）集成（integration）。把机构内部的应用连接起来，通常要依赖于某种集成产品提供的远程服务。例如，消息队列（message queue）是一个简单的例子，IBM 的 WebSphere Process Server 及微软的 BizTalk Server 等产品可用于更加复杂的场景。

3）身份管理（identity）。对许多分布式应用而言，提供身份信息是一个最基本的需求。常见的解决该问题的户内技术包括微软的 Active Directory（活动目录）及其他 LDAP（轻量级目录访问协议）服务器。

（3）不同机构的户内应用服务（on-premises application service）。不同机构的户内应用服务差别很大，原因在于不同机构使用的是不同的应用，其提供的服务也千差万别。这些户内平台的应用可分成两大类：

1）套装软件（packaged application）。套装软件包括 SAP、Oracle、Applications、Microsoft Dynamics 在内的许多商业软件，以及许许多多现成的产品。虽然不是所有套装软件都向其他应用提供服务，但越来越多的套装软件开始这样做。

2）定制应用（custom application）。许多机构对定制软件进行了大量投资。随着这些应用逐渐将其功能以服务的形式体现出来，它们也将成为户内应用平台的一部分。

在计算机技术的发展早期，应用平台只包含一个户内基础（如 IBM 主机上的 MVS 和 IMS）。到了 20 世纪 80—90 年代，随着分布式计算机的普及，户内基础设施服务也加入进来（远程存储、集成和身份管理成为十分常见的服务）。时至今日，随着面向服务的应用的出现，户内应用服务也成为应用平台的一部分。未来在"云"上提供这三个部分的服务是毫无疑问的。

三、云平台种类

1. 公有云

公有云是公共基础设施，所驻用户都是租户。公有云同时拥有多个租户，且一个租户离开，其资源马上释放给下一个租户。公有云是最彻底的社会分工，能够在大范围内实现资源优化，因此不管道路如何曲折，前途总是光明的。很多用户担心公有云的安全问题，尤其是敏感行业和大用户。但是，对于一般的中小企业用户来说，使用公有云的风险远远小于自己架设机房。公有云服务提供商通常会采取各种措施来保障用户数据的安全性，如加密、备份和监控等。公有云服务提供商还会提供高可用性的灾难恢复功能，以确保用户的业务不会因停止服务而受到影响。因此，对于大多数中小企业用户来说，使用公有云服务是一个更加安全和可靠的选择。

2. 私有云

私有云是为某个特定用户或特定用户群而建立的机构，只能实现小范围内的资源优化，因此并不完全符合云的本质。越来越多的用户发现私有云的繁杂运维成本并不比公有云低。托管类私有云尽管在一定程度上方便了企业，但仍无法解决大规模大范围内物力资源利用效率较低的问题。

3. 混合云

混合云，顾名思义，由公有云和私有云组合而成。这种组合可以是计算的、存储的，也可以是兼容的。在公有云尚不完全成熟，而私有云存在运维艰难、部署费时、动态推广艰难问题的阶段，混合云是一种较为理想的过渡方式。在未来也需要企业内部数据、服务与外部数据、服务之间相互调用，且还有可能一个企业中的不同业务放在不同云平台上，但需要统一管理，这样的方式在某种意义上也算混合云。

第二节　传统建设方式与云平台建设方式

一、传统建设方式

每建设一套业务系统，基本上都要购买新的硬件设备及平台软件，这带来了大量硬件资源浪费、空间和能源浪费的问题，也提高了运维成本。对于一些高负载和高数据量的应用系统，硬件资源的采购是按照系统高峰期成本来进行的，但高峰期利用率低且具有周期性。

应用系统如果按照传统方式进行设计和研发，会形成一个个数据"孤岛"，无法形成完整的数据视图。一个性能要求很高的系统应能利用大量硬件和集群技术，通过进行数据分区、集群和均衡负载，来应对高峰期的访问。缺乏一个完整的、端到端的整体 IT 系统监控解决方案，就无法对整体 IT 系统的运行情况进行有效监控，从而无法利用监控产生的数据来指导优化数据库及服务。其实很多应用软件都有自己的设计方案与思路，这给整体管理带来了一定程度的混乱，并且协调和控制每个应用厂商的管理方案非常困难。因此，需要借助厂商的力量解决问题以形成较好的平台，给以后的应用系统建设设计出相应的模板或最佳实践，如应用软件开发和设计规范、应用软件参考架构、应用软件用

户体验设计规范、业务信息编码标准、应用软件部署和维护规范等，从而让以后开发的应用系统稳定可靠、性能较好、易用性较好且维护方便。

二、云平台建设方式

云计算不仅是商业模式上的变革，也是技术上的变革。平台即服务（platform as a service，PaaS）模式在主流云计算三种模式中对 IT 厂商和用户来说是最具有价值的，必是未来几年发展的重点。PaaS 模式的云计算应该是一种大规模、可靠、高效、稳定的服务集群系统，能够帮助用户和开发人员解决问题。将来的应用软件架构必然是 PaaS 模式的云计算架构。可利用新技术补充及使用相应成熟可靠的原有技术，建设规模较大、可扩展、成本可控、便于运维、可靠的集群。云平台是软硬结合的模式，依赖于硬件架构、软件底层支撑及应用开发规范和架构，具有自动伸缩、可靠性高、成本可控、管理可控及可消除数据"孤岛"等特点。

第五章

微应用平台的典型应用

第一节　微应用平台发展背景

随着电力企业信息化的发展，系统应用的数量和复杂程度不断增长，应用实现越来越复杂，代码规模越来越大，系统变得越来越笨重和庞大，导致应用难以维护和更新。传统的单一架构，由于其逻辑过于耦合已无法应对信息化的企业管理需要；垂直应用架构，由于其应用之间交互越来越多、越来越复杂，已不再适用；而分布式服务架构，由于其服务任务越来越庞大，容量评估困难、小服务资源浪费等弊端逐渐显现。

针对当前电力企业信息化的现状，对系统的开发和部署提出了新的挑战，并对企业应用架构的高效性和扩展性提出了更高的要求。微服务架构的出现有效解决了当前企业信息化面临的一系列问题。通过微服务架构，可以将复杂应用服务进行服务化切分，将一个大而复杂的问题化解为多个小而简单的问题，并使用一套小服务来开发单个应用，实现微小服务功能。服务之间采用轻量级通信协调机制，以业务为中心，通过契约来确定依赖，构建起独立的自动化运行机制，以实现集中式服务管理。

第二节　智能云平台业务整合管理系统

一、技术原理及模块组成

智能云平台业务整合管理系统包括数据服务模块、业务整合模块、技术服务模块、流程模块、权限管理模块和账户管理模块。

数据服务模块在各模块之间均设有数据接口调度组件，数据接口调度组件将用户业务消息生成业务数据，并将业务数据发送到业务模块，以实现云平台及各模块之间数据域的引用及数据交换。业务整合模块可以根据业务种类分别处理不同的类型业务，如审核业务系统可以处理以审核为主的业务流程，并通过数据服务模块在各模块之间的数据接口调度组件来梳理不同类的业务消息，并传输至相应的业务模块，请求相应模块处理其所涉及的业务，使云平台可以在模块之间通过数据接口调度组件进行协调处理，以保证各项业务顺利处理。技术服务模块通过数据服务模块的数据接口调度组件将用户业务消息生成业务数据，并将业务数据发送至相应的业务模块，通过云平台将不同的业务数据汇总共享，提高业务管理效率及处理效率。流程模块记录了不同业务的处理流程，数据处理模块通过查询流程模块来得到目的地址。权限管理模块负责管理用户的权限，以维持系统安全可靠地运行。账户管理模块配合权限管理模块主要负责用户的隐私和数据的安全。

各个模块的连接方式：数据服务模块通过光纤与业务管理模块连接。业务服务器通过局域网与标准化交换机连接。标准化交换机通过无线网络与数据集成服务器连接。权限管理模块包括监控管理模块、性能扩展模块、安全管理模块和图形显示模块。多个业务服务器分别安装于各级业务管理机构，业务服务器包括业务处理模块、流程引擎模块和文件交换模块。业务处理模块主要负责非流程性的业务处理，流程引擎模块负责流程性的业务处理，文件交换模块负责与外部系统进行文件交换。

智能云平台业务整合管理系统架构如图 5-1 所示,包括管理服务器、数据集成服务器、标准化交换机、业务服务器和数据存储器。业务服务器通过标准化交换机与数据集成服务器连接,数据集成服务器与管理服务器连接,管理服务器与数据存储器实现交互连接。

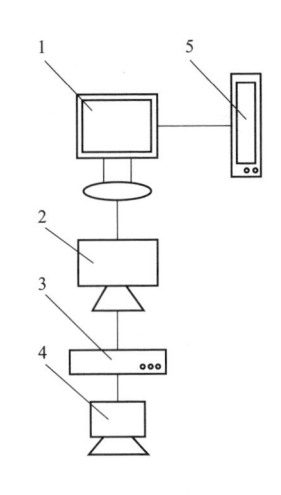

图 5-1　智能云平台业务整合管理系统架构

1—管理服务器;2—数据集成服务器;3—标准化交换机;

4—业务服务器;5—数据存储器

智能云平台业务整合管理系统工作时,将业务服务器分别安装于各级业务管理机构。业务服务器包括业务处理模块、流程引擎模块和文件交换模块。

二、实现方法

首先,数据服务器通过标准化交换机采集安装在业务管理机构中各级业务服务器所掌握的电网设备业务数据,并将采集到的数据发送至管理服务器,由管理服务器进行处理,并生成图表进行监控。其次,管理服务器根据接收到的业务数据生成业务控制指令。最后,管理服务器将生成的业务控制指令发送至各级业务管理机构,并由各级业务管理机构根据接收到的业务控制指令对各自

所属区域的电网进行业务管理。在此过程中，数据存储器用于存储管理服务器接收到的数据，所存储的数据可供管理服务器读取。

基于上述过程，智能云平台业务整合管理系统能够实现各级业务管理机构之间的数据整合及各业务部门的数据共享，各级业务管理机构不再彼此孤立，由此有效增强了业务的协作性，并有效提高了业务效率。

第三节 基于 Docker 容器的微应用平台

一、技术原理及模块组成

Docker 容器突破了传统虚拟化的技术，是一种基于 Linux 容器（Linux container，LXC）开发的新型容器化技术，适用于微服务、组件化服务的轻量级分布式应用部署模式。基于 Docker 容器的微应用平台包括基础云平台、数据管理层、应用服务层、应用展现层和接入层。其中，基础云平台上设有服务器管理模块、网络管理模块、存储管理模块和 Docker 引擎模块；数据管理层上设有数据提取模块、数据校验模块、数据同步模块、数据处理模块和数据监控模块；应用服务层上设有流程服务模块、流转对象模块、统计服务模块、接口管理模块、流限管理模块和组织机构模块；应用展现层上设有业务定制平台、业务测试平台和业务运行平台。基于 Docker 容器的微应用平台系统架构如图 5-2 所示。

（1）基础云平台。①服务器管理模块，与基础云平台服务器端连接，用于云平台的管理和维护；②网络管理模块，负责管理和维护网络环境，保证网络环境良好；③存储管理模块，对采集到的各种数据进行存储和记录，截取关键数据并上传云平台；④Docker 引擎模块，负责管理 Docker 容器的驱动装置。

（2）数据管理层。数据管理层与大数据平台连接，保证数据实时更新，并与大数据平台同步数据信息。①数据提取模块，负责提取企业业务方面的多种数据信息；②数据校验模块，对企业的实际业务数据进行校验，判断误差和可信度；③数据同步模块，对采集到的业务数据进行修改和同步；④数据处理模块，对数据进行分析处理，并上传至大数据平台；⑤数据监控模块，对企业业务的数据和大数据平台上的数据进行实时监控，保证数据的实时更新。

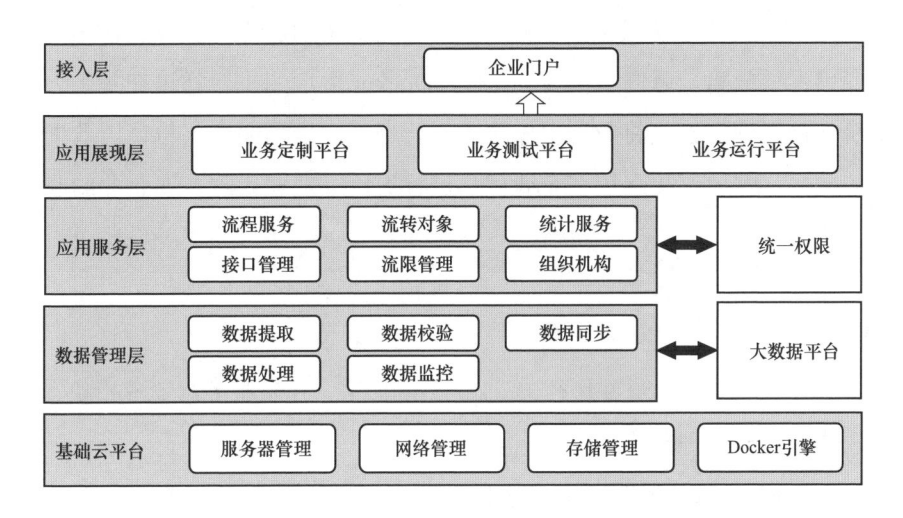

图 5-2　基于 Docker 容器的微应用平台系统架构

（3）应用服务层。应用服务层涉及整个企业所有参与业务运行的部门。①流程服务模块，将业务不同阶段的任务分别推送至相应的服务部门，用于业务实际情况的查询和追踪；②流转对象模块，用于监管各部门之间的工作情况，以及各部门之间的配合分工情况；③统计服务模块，对整个服务流程进行统一记录；④接口管理模块，负责管理各接口的连接情况；⑤权限管理模块，用于分级设置各流程服务模块的管理权限，一个流程服务模块内可设置多个不同级别的管理权限；⑥组织机构模块，负责查看企业的整个组织结构以及各组织机构在企业中的职责和权限。

（4）应用展现层。①业务定制平台，根据不同企业的业务模式和范围，定制适合企业自身的数据展示平台；②业务测试平台，根据具体的业务开展形势，评估出业务的最高标准和最低标准，测试业务的可行性和企业自身的收益情况，对业务进行模拟运行；③业务运行平台，负责监控实际业务运行中各阶段的实

际情况。

Docker 管理的主要优势源于：可以将应用系统的部署变成 Docker 应用程序的部署，这样 Docker 就很容易实现应用系统和操作系统的解耦，从而可以管理很多操作系统。应用程序部署在 Docker 上就像直接部署在硬件上，实际上 Docker 是一层更大规模的系统平台，应用在其上将摆脱因为硬件和操作系统带来的应用下线故障，更便于管理。此外，Docker 微应用平台通过在基础云平台上的统一接口管理模块将数据存储到数据管理层，应用服务层将调用数据管理层中的数据，并通过接入层在企业门户进行展示，从而更加方便企业的监管。

二、实现方法

（1）启动基础云平台并运行 Docker 引擎模块，开启服务器管理模块、网络管理模块和存储管理模块。

（2）Docker 引擎模块读取应用服务层定制的流程服务和流转对象，通过应用服务层中的接口管理模块将定制业务流程信息和数据信息存储到数据管理层。

（3）数据管理层接收到来自应用服务层的数据，对该数据进行校验加密处理，利用数据监控模块对企业业务的数据和大数据平台上的数据进行实时监控，保证数据的实时更新。

（4）应用展现层调用应用服务层上的接口与大数据平台相连，并通过应用展现层统一在管理界面进行展示。

（5）根据应用展现层平台种类的不同，将数据管理层的数据进行分类展现，并通过接入层的企业门户界面将各数据对外展示，用户可通过访问企业门户对业务进行查询、定制和管理。

基于 Docker 容器的微应用平台和基于 Docker 的轻量级虚拟化技术，遵循 J2EE 技术体系，采用组件化、动态化的软件技术，利用 MVC 编程模式，按照接入层、应用展现层、应用服务层、数据管理层和基础云平台实现多层技术体系设计，适用于各接口组件在企业内协同工作和各层次上集成，并可实现重用。

第四节　基于云平台的业务流程管理平台

一、技术原理及模块组成

基于云平台的业务流程管理平台包括平台管理服务器、应用展现框架服务器和客户移动终端。其中，平台管理服务器包括业务应用服务器和数据库服务器；应用展现框架服务器包括信息安全模块和综合统计模块。平台管理服务器与应用展现框架服务器相连接；应用展现框架服务器和多个客户移动终端分别与云平台相连接。

基于云平台的业务流程管理平台架构如图 5-3 所示。其中，网络连接设备、业务应用服务器与数据库服务器通过光缆经过交换机与防火墙和云平台进行连接，多个客户移动终端设备，云平台以及应用展现框架服务器采用无线通信进行连接。

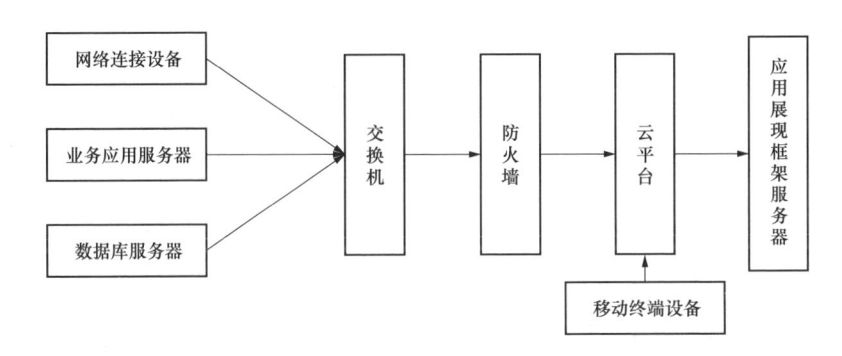

图 5-3　基于云平台的业务流程管理平台架构

二、工作方法

用户使用客户移动终端访问云平台，将所需业务流程信息按要求在平台管

理服务器的业务应用服务器中定制并存储在数据库服务器中。随后平台管理服务器将定制业务流程信息传送给应用展现框架服务器中的信息安全模块。信息安全模块对定制业务流程信息按所在部门和登录角色进行加密，以确保信息只在相对应角色权限下进行数据共享及业务共享，并将定制业务流程信息传送给综合统计模块。综合统计模块对所定制的业务流程信息进行数据汇总，依据其报告，所需数据自动创建电子统计台账，完成不同报告期、不同口径的数据汇总。报告期可分为日、月、季、年多种。最终通过应用展现框架服务器对定制的业务流程信息进行页面处理及展现，并传送给云平台进行交互和存储。

第五节　基于微应用的智慧容器云架构

随着信息化的发展，企业逐步将信息化系统开始云化。但目前大部分企业只是简单将应用系统部署到虚拟化平台上，即所谓的应用云化。这带来两个问题：弹性计算和容量伸缩。主要原因在于过往信息化系统太过庞大和臃肿，但碍于系统的整体性而无法切割和分离。从弹性计算的角度来说，单纯复制一个应用的虚拟机节点只能解决负载的请求分发，但是数据的同步性和一致性都将是致命的硬伤。此外，可拓展性不足，将导致难以融入新的技术，从而使系统性能滞后。针对以上问题，提出了基于微服务的智慧容器云架构思路，其改变了传统软件行业的开发模式，告别大型应用，以及复杂的架构和繁琐的代码调试，将各个功能服务化和微小化，并通过容器的形式进行发布，这样不仅易于维护和管理，而且能简单地解决弹性计算和容量伸缩的问题。智慧容器云架构如图 5-4 所示。

一、智慧容器云架构

目前企业信息化系统部署模式分为两种：基于物理机的传统部署模式和以

云计算为核心的虚拟化部署模式。这两种模式都带来了弹性计算和容量伸缩等无法逾越的壁垒。

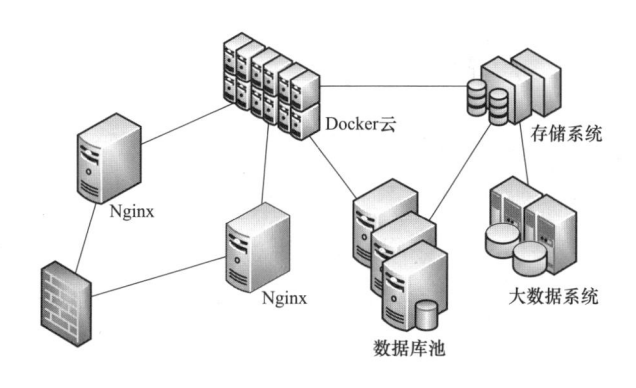

图 5-4　智慧容器云架构

随着微服务和微应用概念的提出，以 Docker 技术为核心，构建基于微应用的智慧容器云架构成为可能。该架构包括以下几部分：

（1）Nginx。为后端 Docker 云中的微应用提供方向代理、负载均衡的服务，并通过移动管理平台实现自动化的智慧型的负载均衡调节。

（2）Docker 云。利用 Docker 技术实现微应用的全部容器化，最大限度地提升硬件资源的利用率，并通过移动管理平台，实现微应用服务的弹性收缩。

（3）数据库池。为 Docker 内的微应用提供数据库支撑，利用数据库池技术，提升数据库服务器的资源利用率，真正实现"可插拔式"数据库云服务。

（4）存储系统。为微应用提供数据存储服务，并通过流式数据实现内部数据的流动，将更频繁、更有价值的数据快速准确地提供给微应用和用户。

（5）大数据平台。利用微应用所产生的用户数据与数据库池中的数据，发现微应用为企业所带来的数据支撑和潜在的业务提升点，真正做到微应用改变业务方式、数据挖掘业务潜在价值，以及技术驱动信息化全面提升。

二、关键技术研究

1. "大云物移"思路的融合

时下"大云物移"已经成为企业信息化建设的核心思路,但是真正能为企业带来核心价值和竞争力的永远不是离散的技术能力和"孤岛"式的数据结构。通过构建 Docker 容器化"云",可将大数据、云计算、物联网、移动互联网应用真正有机地结合在一起,从而用技术去实现信息化瓶颈的突破,用数据去打通业务的专业性壁垒,用技术+数据实现企业真正的价值提升。微应用需求架构如图 5-5 所示。

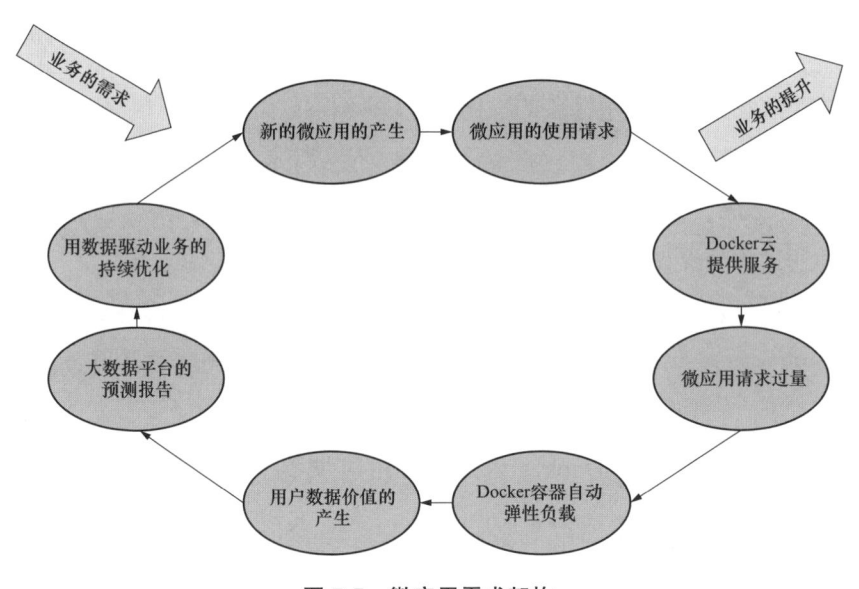

图 5-5 微应用需求架构

2. 智慧型的弹性负载和容量伸缩

Docker 容器的轻量级特性,决定了容器的启动速度是秒级的,并且镜像的封装与容器是一致性的,从而可以真正地实现业务的弹性负载和容量伸缩。

弹性负载流程如图 5-6 所示。该流程描述了在 Docker 云架构上自动实现的微应用弹性负载。

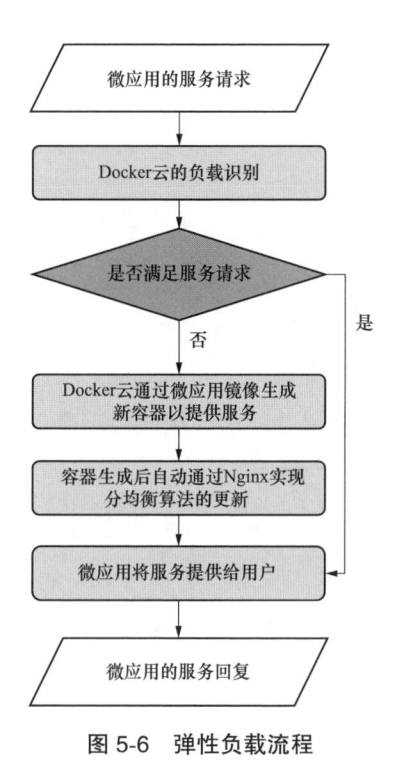

图 5-6 弹性负载流程

容量伸缩流程如图 5-7 所示。该流程是 Docker 智慧云架构所实现的业务容量伸缩流程。

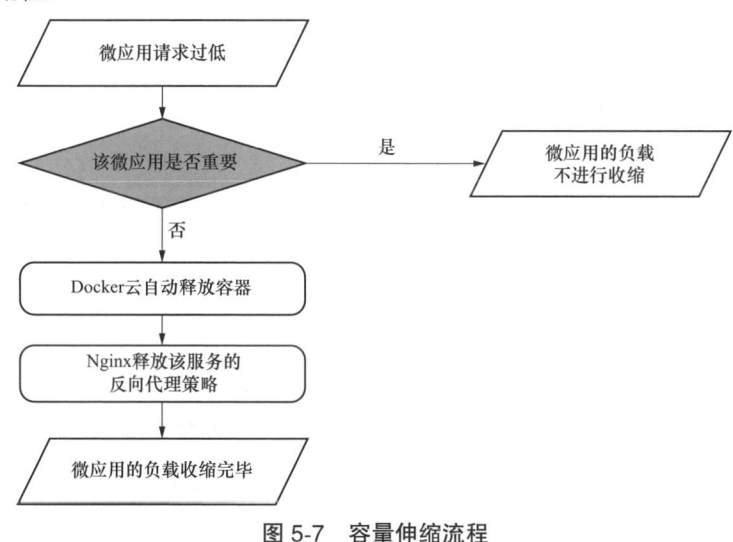

图 5-7 容量伸缩流程

3. 开发方式的变革

Docker 技术方案的发展势头迅猛，给应用程序的构建方式带来了根本性变革。

（1）微服务架构的崛起。大规模整体性云应用程序开发已逐渐被淘汰。如今，它开始被微服务架构所取代，其特色在于将大型应用程序及其全部内置功能拆分为更小的、目的驱动型服务，并通过通用表述性状态传递（representational state transfer，REST）API 实现彼此之间的通信。

完全密闭的 Docker 容器机制能够为微应用程序创建出高效的分布式模型，从而顺利实现微服务概念的现实转化。

（2）让开发（Dev）与运营（Ops）联系得更为紧密。Docker 是第一款能够在开发人员群体中获得与运营工程师同等认可效果的 DevOps 工具。因为开发人员可以在容器机制内部工作，而运营工程师则可以在容器外部以并行方式处理自己的任务。

当开发团队采纳 Docker 时，相当于在软件开发生命周期中添加了新的敏捷性层。容器技术最大的突破就在于其一致性。基于 Docker 的应用程序能够在笔记本计算机与生产环境下获得同样的运行效果。由于 Docker 将与应用程序相关的所有状态都封闭了起来，因此完全不用担心底层操作系统的架构差异会给应用程序的运行依赖性带来影响或者产生新的漏洞。

（3）保障持续集成的一致性。持续集成机制能够自动对代码进行测试，并借此成为尽可能降低最终产品中漏洞数量的一大理想途径。不过持续集成仍然存在着以下两大弊端：

1）持续集成机制很难将所有依赖加以封装。Docker 由于可以将应用程序的整体状态加以封装，因此能够保证代码在生产环境中拥有与开发、测试、质量保证阶段相一致的实际效果。

2）持续集成并非专为微服务架构所构建。持续集成的设计思路其实是假设将一款应用程序锁定在单一代码库当中。然而，Docker 的最佳实践能够提供大量彼此间松散耦合的 Docker 容器，而这对于微服务架构来说可谓最佳拍档。

（4）让各类最佳容器机制实现协作。Docker 并不主张将自己的容器按照 Hadoop、Nginx 或者 MongoDB 的现有方案进行调整，而是鼓励通过开源社区实现协作，并凭借 Docker Hub 公共库进行容器改进，从而让每个人都能用到最出色的容器设计成果。由于 Docker 容器能够将应用状态封装于其中，因此完全能够以更灵活的方式对软件加以配置，以保证其拥有最佳运行效果。

鉴于此，Docker 凭借这种允许每个人利用现成最佳实践方案并根据具体需求任意组合及对接的能力彻底改变了传统基于云的开发机制。这有点像将云组件当成乐高积木，并按照一定的标准将它们组合起来。

4. 微应用和移动应用的集成

每一项新技术的出现都可能会对现有局面带来颠覆性的影响。就目前而言，云服务一直由按需供应、API 驱动虚拟机以及围绕虚拟机建立服务等要素所支撑。由此带来的弊端在于，所有针对现有机制打造的工具都会受到虚拟机局限性的严重束缚。

Docker 正在迅速改变云计算领域的运作规则，并彻底颠覆云技术的发展前景。从持续集成、持续交付到微服务和移动应用，Docker 一路走来已经给应用程序开发生命周期以及云工程技术实践带来了巨大变革。

让想法和创意尽可能得到尝试和发挥，让业务更加专注于对业务的持续优化，让开发者更加专注程序的编写，通过 Docker 构建的企业智慧容器云，不仅解决了传统项目模式中资源申请和兼容性的相关调试，而且通过自动化部署和业务的弹性伸缩真正实现了让技术驱动业务的优化。总之，基于 Docker 构建的企业智慧容器云极大地便利了微应用的发布。基于 Docker 云的微应用发布流程如图 5-8 所示。

微应用的分布式应用部署模式突破了传统的虚拟化技术，是一种基于 Linux 容器开发的新型容器化技术，适用于微服务、组件化服务的轻量级分布式应用部署模式，而这一特点符合国家电网公司"大平台、微应用、组件化"

的发展趋势。基于 Docker 云的微应用部署模式如图 5-9 所示。

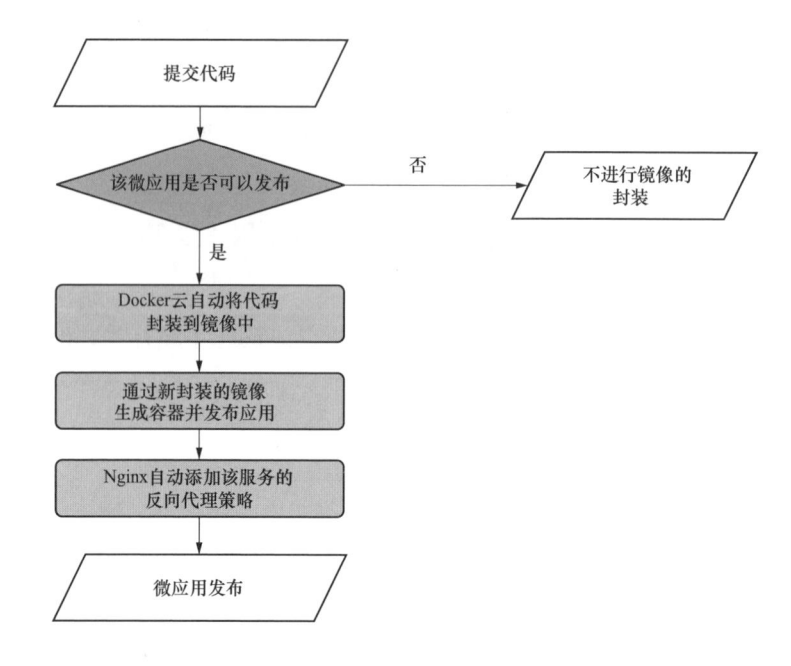

图 5-8　基于 Docker 云的微应用发布流程

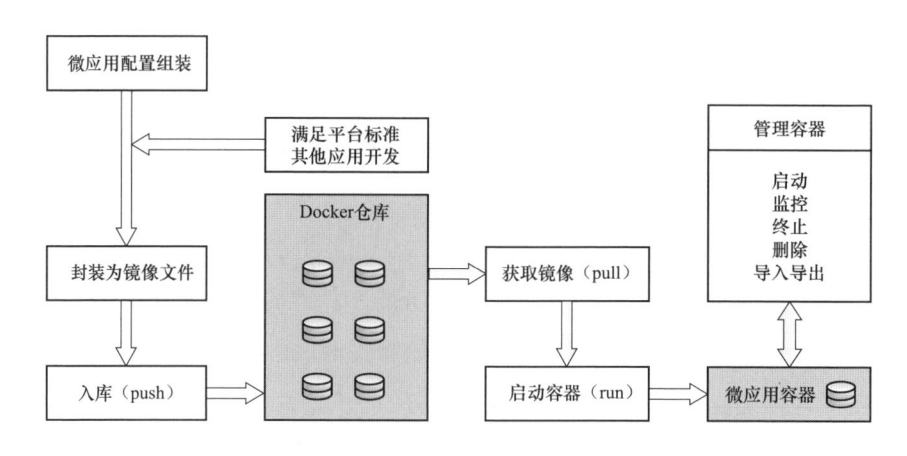

图 5-9　基于 Docker 云的微应用部署模式

总体来说，基于 Docker 云的微应用部署模式有以下优势：

（1）快速交付和部署。一次创建或配置，可以在任意地方正常运行。Docker 容器很轻很快，容器的启动时间是秒级的，可以大量节约开发、测试和部署的时间。

（2）兼容性。这种兼容性可以让用户把一个应用程序从一个平台直接迁移到另一个平台。

（3）信息安全的保障。不同的微应用部署到不同的容器，可以减少相互之间的干扰，保证各项应用的安全性及稳定性。

（4）简单的管理。使用该架构，只需要小小的修改，就可以替代以往大量的更新工作。所有的修改都以增量的方式被分发和更新，从而实现自动化及高效的管理。

（5）高效的虚拟化。Docker容器的运行不需要额外的虚拟机监视器（Hypervisor）支持，它是内核级的虚拟化，因此可以实现更高的性能和效率。

（6）便于监控。通过监控每个容器的日志，可以监控每个微应用的运行情况，便于资源伸缩管理以及相关问题的诊断分析。

基于微应用的智慧容器云架构的建设，主要用于未来微应用、微服务及移动应用的统一部署和管理，所以平台需要考虑主流开发语言的兼容性、程序运行的稳定性、部署上线的简易性、运维管理的便捷性，从而使应用开发人员、平台运维人员、业务使用人员、信息化监管人员都可以感受到移动应用管理平台带来的良好用户体验。

第六节　基于微服务架构的云平台

一、企业架构

企业信息化经多年集成整合，虽然解决了很多的问题，但仍然很难根治"孤岛"顽疾。为解决这一难题，业界经过不断探索研究，最终总结归纳出了企业架构理论。企业架构理论从业务、应用、数据、技术等方面出发，旨在解决信息化战略发展问题，并有效应对日益复杂的信息化建设挑战。它

指导着企业信息化顶层设计，为业务创新、IT 治理、应用建设和优化整合提供指引。

企业架构以企业战略为指导，规划企业业务战略和 IT 战略，是企业信息化建设的总体架构。它从业务架构、数据架构、应用架构和技术架构等方面描绘现状和蓝图，是企业信息化健康发展的基石。电网企业较早引入了企业架构理论，并结合自身特点建立了适合本企业的信息化架构。通过先进的、前瞻性的目标架构设计，该理论能够有效地指引信息演化。

二、微应用设计

微应用指具有高内聚低耦合特性的，有明确业务边界的完整小应用。微应用是以业务架构为基础，通过对业务的拆分和整合，提供支撑完整业务场景的应用功能组合。微应用本质上是应用的一种形态。

电网企业的微应用设计不能简单照搬互联网企业的模式，而应该基于自身业务架构进行应用架构设计。设计过程应从企业的整体规划出发，做好顶层设计，并充分考虑自身的实际情况。这意味着要通过架构实施方法论来指导微应用的设计，不能简单地将现有系统全部转换为微应用，而要明确业务边界，确定哪些部分适合采用微应用，哪些部分适合传统应用。

微应用拆分可以参考电网企业价值链，依据业务领域的边界划分，采用领域驱动设计方法，自顶向下，逐个拆分；也可以从电网企业顶层入手，结合企业组织架构现状进行拆分。

从电网企业价值链角度看，企业的支撑活动主要包括运营、人力资源、财务、物资和公文管理等方面。在微应用设计中，可以通过细致分析和拆分各个业务领域的职能工作，逐步明确各个业务领域的边界和职责。随后，对业务相关群体进行仔细分析，找出相对稳定、快速响应且相对独立的业务，这些业务能够应用到微应用中，并根据其特点进行微应用的设计和开发，从而实现更高效的业务支撑和管理。

三、微服务设计

微服务以实现最小单元的业务能力为目的，采用轻量通信模式，具备敏捷开发、快速部署和去中心化特征。微应用是逻辑层对应用的分割，而微服务是物理层对微应用的体现。每个微应用由一组微服务实现，以满足企业管理更新迭代的需求。

微服务的设计方法有很多，主要包括领域驱动设计、数据驱动设计和系统现状分析等。

（1）领域驱动设计。以业务架构为基础进行设计，根据业务领域进行划分。这种设计方法将业务领域作为微服务的顶层，通过对业务子域的划分和建模，将相关的业务功能组织成微服务。领域驱动设计方法能够更好地理解和满足业务需求，提高开发效率和领域专注度。

（2）数据驱动设计。以数据架构为基础进行设计，根据数据相关性进行划分，并根据数据的耦合度来定义微服务的边界。这种设计方法有效避免了数据耦合的问题，通常以统一的数据模型来支持业务场景的使用。在划分微服务的边界时，数据的相关性必须被考虑，以实现松耦合的系统设计。

（3）系统现状分析。分析企业已有系统的功能相关性，结合功能使用和数据对象的耦合度，通过系统改造计划逐步将部分功能进行微服务化改造。这种设计方法简单易行，能够快速产生效果。然而，它也存在一些弊端，如缺乏整体设计，可能导致过度建设微服务，从而导致微服务间的集成复杂性剧增。

四、微服务设计原则

结合电网企业的实际业务特点，在进行微服务设计时，可以融合以上三种微服务设计方法，坚持立足现状、面向业务、责任单一的总体原则，从服务、数据、技术、运维和安全等多方面建立微服务的设计原则。以典型系统为切入点，开展微服务改造时，可以参考以下具体设计原则，以确保微服务设计的合

理性。

1. 业务方面

（1）高并发场景业务。将用户访问量大且高并发的业务合并为一个微服务，减少不必要的通信开销和复杂性。

（2）需求变化较快的业务。将变化频繁的部分设计为独立的微服务，以便快速迭代和响应用户需求的变化。

（3）多个业务场景共享的功能。将多个需要使用的业务场景抽象为一个通用的服务，提供可复用的功能接口。

2. 安全方面

（1）数据权限要求不同。将具有不同数据权限要求的业务拆分为多个微服务，以确保数据的安全性和隔离性。

（2）安全等级要求不同。根据安全等级要求的不同，将系统拆分为多个微服务，以便实施不同级别的安全防护措施。

3. 运维方面

（1）降低维护人员能力。将各个微服务按照职责和功能进行拆分，以确保每个微服务都能够由专门的团队负责维护和运营。

（2）复杂业务拆分。对于业务越来越复杂的情况，将应用拆分为多个微服务，以提高系统的可维护性和扩展性。

（3）细粒度监控需求。对于监控需求不同的业务，将应用拆分为多个微服务，以便对每个微服务进行不同细粒度的监控和管理。

4. 技术方面

（1）不同技术架构或开发语言。根据不同的技术要求和限制，将采用不同技术架构或开发语言实现的部分拆分为单独的微服务。

（2）前后端分离。根据前后端分离的需求，将系统拆分为多个微应用，以提高开发效率和灵活性。

第七节　基于云平台的企业项目管理系统

一、研究背景

当前企业的高速发展使得业务更加多元化、复杂化，项目管理已上升到企业管理顶层设计。项目经理负责整个项目生命周期的管理工作，包括资源协调、详细设计与计划、沟通协作等。然而，由于不同项目相对独立，存在资源、时间和人员限制，多个项目混合在一起容易导致管理混乱。近年来，全球经济环境发生巨大变化，许多企业经营环境转向迅速响应客户需求和保持竞争力。传统的项目管理方法和工具难以适应企业发展的新需求。在现代管理中，战略管理作为应对变化的有效手段被广泛使用。随着企业项目复杂度和灵活性的增加，如何确保项目与企业战略目标一致，同时进行大型项目管理以及有效资源分配成为亟待解决的研究课题。

云计算的迅速发展为解决企业管理问题带来了优势，如提高利用率、可靠性和扩展性，降低运维成本等。在企业项目管理和日常工作管理中，搭建灵活、协同的管理服务平台能够让更多子系统在大型平台上运行，从而帮助企业解决问题、实现资源合理分配。

二、国内外研究及应用现状

近年来，项目管理在企业中扮演着越来越重要的角色，众多先进理论和商业模式也在不断发展。同时，国际 IT 巨头公司如 IBM、Google 等进军云计算市场，国内云服务领域竞争激烈且整体水平持续提升。在此背景下，研究基于云平台的企业项目管理显得尤为重要。国内外学者持续关注该领域，并从不同

的角度探索如何利用云平台进行项目管理，以提高管理效率和项目交付能力。同时，一些大型企业已经将云平台应用于项目管理实践，并取得了可观的成果。云平台可以帮助企业实现全球范围内的协同工作，实时跟踪项目进展，还可以借助云平台提供的大数据分析和智能决策支持，做出更科学的项目管理决策。然而，在基于云平台的企业项目管理中仍存在一些挑战，如数据安全性、系统集成等问题，需要进一步研究和实践。随着云计算技术和项目管理理论的不断发展，基于云平台的企业项目管理将迎来更加广阔的应用前景。

三、国内外项目管理理论发展

项目管理作为当今经济高速发展背景下保持企业竞争力不可或缺的一部分，受到了广泛的关注和研究。国内外项目管理理论的发展呈现出系统化、综合化的趋势，敏捷项目管理、信息技术应用以及项目组织与人力资源管理等方面理论不断完善。这些理论的进步为企业提供了更科学、高效的项目管理方法和策略，帮助企业应对日益激烈的商业竞争和挑战，推动企业管理水平的提升。

项目管理理论的发展也呈现出重视管理问题和知识管理的趋势。学者们开始构建综合性的项目管理理论框架，并关注如何优化项目组织结构、培养项目管理人才以及提高团队绩效的问题。此外，信息技术的发展也为项目管理提供了各种管理工具和技术，促进了信息化和智能化的项目管理实践。在日益复杂和变化的商业环境中，掌握先进的项目管理理论和方法，成为企业保持竞争力和实现可持续发展的关键因素之一。

四、研究目标与内容

将云计算优势与传统项目管理系统结合，可以解决企业项目管理问题，同时节约企业运营成本。利用云管理平台来解决企业现阶段面临的问题，能够提升企业竞争力并带来更大收益。

基于云平台的企业项目管理系统主要包括企业级项目管理、统一查询管理、平台支撑管理、综合管理、数据应急集成五大功能。企业级项目管理包括项目组织管理、资源管理、项目管理、项目机会管理、项目基本管理、资源管理、工时管理、费用管理、文档管理和展现等功能。与其他系统相比，该系统是针对企业需求而定制的，具有使用场景多样、用户角色众多的特点。同时，由于需要与其他业务系统进行数据交互，对该系统采取合适的安全措施是有必要的。

五、项目需求分析

1. 现代企业项目管理要解决的核心问题

（1）项目选择。高层管理者需要清楚企业是否开展正确的项目。

（2）资源优化。在有限资金、人力和时间限制下，企业需要合理配置资源以达到最优化效果。

（3）用户目标实现。项目是否能够顺利实现用户目标，达到共赢目的。

（4）进度控制和风险管理。项目进度是否可控，是否存在不可预见的风险等，并对相关风险进行管理和规避。

（5）创新与改进。项目中是否可以加入新的理念，通过改进技术达到行业领先地位。

2. 项目管理系统需要解决的问题

（1）基本项目管理。提供基础的项目管理功能，让每位用户都能像使用其他软件一样完成任务。

（2）企业项目管理。集成企业内部的项目管理信息，使得项目管理干系人可以查看下发任务、组织计划、时间进度和资源等。

（3）项目组合管理。在企业战略目标指导下，对有限的可用资源进行分析和决策，实现多个项目的组合优化，确保企业战略目标的实现。

（4）资源管理。项目启动时，管理人员需要了解新项目对正在进行中的项

目或其他项目的影响，同时了解项目在发展过程中以及空闲资源变化时的状况。

（5）报表分析。通过大屏幕来呈现企业项目管理的数据以及从财务系统、人力资源系统或企业内部其他系统中获取的数据，进而支持管理、决策层进行正确分析。同时，需要利用图形化动态控件工具获得更直观的展示效果。

（6）财务预算和成本管理。对项目进行财务计划和预算，跟踪项目开销并与预算进行对比，随时调整预算计划。

（7）交流和协作。利用平台或系统促进项目组成员、项目管理者、计划者、高级管理者、客户、用户和外包商等不同角色人员的沟通协作，以便及时准确了解项目进度。

（8）集成外部程序接口。大型企业通常会有专业的 ERP 系统，因此企业项目管理系统应能集成外部任何系统，以更好地实现数据共享及实时传输。

（9）工作流。在企业项目管理中，工作流是不可或缺的。工作流不仅要追踪业务，还应自动化跟踪任务的进程和过程。此外，在项目执行过程中存在很多审批流程。例如，项目经理需要在线填写表单申请预算，相关高层管理者需要审批这些项目。如审批成功，项目及相关文档会在项目管理系统中记录；如审批失败，对于将来仍需启动的项目要记录相关信息和文档，并以合理方式归档。因此，利用工作流来进行项目进程的自动化管理是十分有必要的。

（10）项目管理成熟度模型。以企业软件项目管理核心为基准，从企业项目管理的战略规划角度出发，可以将项目的成熟度划分为五个阶段：初始阶段、可重复阶段、被定义阶段、被管理阶段和优化阶段。

项目管理需要根据企业所达到的成熟度，优化企业的软件项目管理流程。对于一些商业项目管理软件，如果其成熟度达到最高级别，为了保持模型规范性可能会限制配置的灵活性。因此，在未达到如此高成熟度的企业或者业务部门，可能无法使用该类软件。

六、使用干系人角色分析

组织环境是指影响组织活动的一切内外部因素的组合。在企业项目中，项目的组织环境与项目干系人密切相关。项目干系人是指能给项目开发带来正面或负面效应的个人或群体，大致可分为内部干系人和外部干系人。内部干系人包含项目经理、高层管理者、项目集规划者、财务人员、业务部门经理和团队成员；外部干系人包括客户、竞争对手和其他群体。企业项目管理办公室必须综合考虑和协调管理项目干系人对项目的影响。

1. 客户

项目管理最重要的目的是为客户提供满意的项目成果。客户是项目管理的关键因素，他们对企业项目提出需求并持续提供反馈意见，使项目的成果可以为双方所接受，并且实现客户价值最大化。客户需求相对灵活且目标明确，因此在项目的实施和管理过程中，客户需要能够通过项目管理系统方便有效地了解项目进展，并参与决策过程，最终使得项目顺利完成并达到企业和客户双方的共同目标。

2. 项目经理

项目经理作为项目团队的领导者，首要职责就是在预算范围内按时交付使客户满意的高质量项目成果。项目经理在项目全程中负责推进、控制和管理各项任务与资源，因此大量信息和数据均以项目经理为主导，如项目启动会、里程碑汇报、资源分配、财务状况等。

3. 高层管理者

在企业内部，高层管理者对项目有着重大影响。他们对项目的方向性有着很大的控制权和影响力，甚至可以限制项目经理对项目的领导权、更换项目经理或更改项目目标方向。高层管理者对项目优先级有审批权限，他们根据项目对于战略目标的支持和价值来决定项目的启动、审批和中止等。因此，高层管理者关注项目集的重大目标，并且需要依靠图表、指数和仪表盘来获取不同类型的信息以做出正确决策。

4. 竞争对手

在当今企业竞争激烈的时代，竞争对手对项目具有重大影响。企业项目经理在实施项目之前就应当对竞争对手开展分析，了解竞争对手项目开发的信息和现状。这些通过合法途径收集的竞争对手信息可以储存在项目管理系统的相应项目数据中。

5. 项目集规划者

项目集规划者主要负责规划项目集中项目的启动。对于有多个团队参与的项目，需要制订项目级别和团队级别的计划。在项目管理系统中，他们根据高层管理者的审批结果规划众多项目，并制定详细计划。

6. 财务人员

财务人员是企业中不可代替的角色，负责监督和调整项目预算，保障项目团队的成本和效率。因此，项目管理系统需要与财务系统集成，将预算和实际花费数据进行同步。

7. 项目团队成员

项目团队成员直接影响着项目的开发和上线。项目经理必须调动项目团队成员的积极性，激励项目团队有效开展项目工作。在项目管理系统中，项目团队成员需要按时更新项目进度信息，以便财务人员进行成本核算，帮助项目经理控制预算。

8. 业务部门经理

项目经理需要与业务部门经理进行良好沟通，充分利用业务部门经理的资源，提升项目的成功率。因此，项目经理必须考虑业务部门经理对团队的影响。在项目管理系统中，业务部门经理需要根据项目集规划团队级别的计划，进行人员安排并在系统中记录。

9. 项目管理办公室

项目管理办公室是提高企业管理成熟度的核心部门，他们根据业界的最佳实践和项目管理知识体系，结合企业自身的特点，制定个性化的项目管理标准和目标，同时肩负解决资源冲突、培养项目经理团队、建立和持续改进项目管理体系与系统的责任，为项目提供顾问服务，开展多项目管理以确保项目成功率的提升和战略目标的实现。

七、系统功能需求分析

为了使项目管理更好地服务于企业战略管理，满足经济、有效、灵活的宏观需求，基于云平台的企业项目管理系统架构需要满足以下要求：支持云平台模式下的用户权限控制和认证，支持与其他系统对接，提供数据分析查询功能以支持企业决策。系统的核心企业项目管理功能包括：①战略层使用的项目组合管理和资源能力规划管理功能；②运营层使用的项目机会管理、项目管理和资源管理功能；③协作层使用的时间管理、费用管理和文档管理功能。此外，系统核心的功能点还包括企业项目管理、统一查询管理、平台支撑管理、综合管理、数据应用集成接口管理等。

八、项目组合管理

项目组合管理是指通过组合优化多个项目，确保企业战略目标的实现和收益的最大化。在企业项目管理系统中，应能将项目组合作为一个概括性的整体对其进度进行跟踪、分析和展现。项目组合管理主要包括起草年度计划、收集记录数据、修改完善计划状态、创建维护项目集计划、分配并跟踪预算和资源能力规划等功能。

1. 起草年度计划

项目管理办公室根据财务系统中收集到的每年项目预算和企业的战略目

标来制订计划，确保预算花费在有价值的业务部门和项目组合上。

2. 收集记录数据

项目管理办公室负责收集所有相关信息，高层管理者负责把战略目标记录在当年的项目数据库中。同时，项目管理系统从人力资源系统中收集与人力资源相关的信息，如人员、工期和工作量合计等，并将竞争对手信息存储在项目管理系统中。

3. 修改完善计划状态

项目管理办公室维护收集到的各方反馈信息，对计划进行修改。

4. 创建维护项目集计划

项目集规划者根据已有项目组合年度计划制订详细的项目集计划，同时按照审批流程，经项目管理办公室审批通过后成为最终年度计划。

5. 分配并跟踪预算

项目管理办公室与项目集规划者根据企业的战略目标、项目组合的优先级、一级规划项目集的大小分配现有预算，并进行经费跟踪。

6. 资源能力规划

资源能力规划是项目管理的核心内容，包括维护项目集计划、组织协调供求关系、资源计划维护更新、统筹项目计划和启动项目计划。

（1）维护项目集计划。每一个项目集计划应根据企业承担能力进行相应调整。在需求、优先级和人员发生改变时，项目集规划者都需要更新或改变项目集计划。

（2）组织协调供求关系。在项目集计划发生变化时，项目集规划者需要与业务部门经理协商调整人员的供给。在分析项目及项目集的变化后，寻求资源池中相匹配的资源供给。

(3）资源计划维护更新。资源发生变化后，项目集规划者需要和业务部门经理更新资源计划，包括资源角色、团队和时间等。

（4）统筹项目计划。项目集规划者需要有一份全局统筹项目计划安排，以此来维护关键路径上的项目。当计划发生改变时，需要根据关键路径调整各个项目。

（5）启动项目计划。项目集规划者为一个准备就绪的项目分配一个项目经理，该项目即可启动。

九、项目机会管理

项目机会通过项目机会管理流程的审批后会根据优先级决定在何时被放在项目集计划中。在特殊情况下，由于其优先级非常高，需要当季启动投资流程，并相应调整项目集计划。在该系统中，项目机会管理主要包括分析记录机会和按优先级筛选机会。项目机会管理如图 5-10 所示。

图 5-10　项目机会管理

1. 分析记录机会

在项目机会通过审批流程后，项目管理企业和高层管理者进行讨论分析和详细反馈，并将细节记录在项目管理系统中。记录的细节包括机会描述、影响的方面、可实现的方案、当前的状况、范围、限制、时间表、依赖因素、如果不做会产生的影响、可替代选择、建议解决方案、产生的预期成本、战略匹配以及其他支持文档。

2. 按优先级筛选机会

项目管理企业和项目集规划者根据系统中的反馈信息，将机会排好优先级，再根据实际情况安排加入下一年的项目计划；如果机会优先级很高，则马上进入投资流程并相应调整整体项目集计划。

十、项目管理

项目管理包括计划项目、管理项目计划和结束项目等功能。其中，管理项目计划包括重新预测更新日程表、跟踪维护细节和更新依赖相关的应用场景。

1. 计划项目

计划项目时，注册任务安排包括：①确定各业务部门在小组层面上的大致计划；②记录项目范围设定、大致方法途径、执行准则、风险；③定义里程碑事件、分阶段可交付产品和大致资源计划；④预估成本（包括外包成本、差旅花费成本和购买服务）；⑤定义关键路径。

2. 管理项目计划

管理项目计划的功能包括生成计划和实际活动进度的报表、评估关键路径依赖和进度、更新依赖项目关系、识别差距和问题、识别风险和风险处理措施、范围控制、识别范围更改、重新预测日程表、监控关键成功因素以及总结质量管理活动。

3. 结束项目

结束项目时，检查项目相关功能点是否已开发、内部测试是否完成、现场设施测试是否已消缺、项目所涉金额是否与预算一致。

十一、协作层工时、费用和文档管理

协作层主要负责工时管理、费用管理和文档管理的具体细节。

1. 工时管理

工时管理主要侧重于项目成员对工时表的合理填写，以及项目经理在项目计划层面的任务分配和职能部门经理对于具体任务的分配。

2. 费用管理

费用管理主要包括管理项目级别的采购费用和实际花费，明晰项目中花费的具体细节，以便维护财务计划。

3. 文档管理

文档管理包括项目中所有相关文档的存放、搜索和分类，以及管理讨论组和论坛协作分享平台。

十二、系统安全性

基于云平台的企业项目管理系统应能与企业核心业务系统、其他辅助系统以及客户端工具进行交互。这需要云端与企业内网之间实现数据交互和协同工作。因为其中一些交换信息是通过互联网传递的，所以需要加密。除此之外，系统面向的用户范围比较广，包括云平台管理用户、集团用户、集团下属公司和合资公司等。由于系统上线运行后，大多数类型的用户都是通过 Internet 访问的，考虑虚拟专用网（virtual private network，VPN）的压力和费用问题，需要通过基于角色的认证管理和权限管理来限制不同用户的访问权限和查看内容。此外，云端和企业内部交互时，不同数据和场景应该有不同的安全性要求，有些敏感数据不允许上传至云端，需要在企业内部维护源数据和信息。

1. 系统非功能需求分析

由于不希望任何用户能够访问系统,所以通过多协议标记转换虚拟网络来实现对用户的访问控制。同时,由于系统与企业业务的交互安全性要求更高,所以要对系统内的交换信息进行加密处理。

2. 系统性能和并发性

基于云平台的企业项目管理系统需要支持大约 4000 用户,在峰值阶段大约有 300 用户并发访问。在性能方面,普通用户登录时间应该在 5s 之内,系统提交信息应在 3~5s;生成报表从简单到复杂应该在 90s 之内。在系统备份时间内,允许 10%的性能损耗;在高峰时段,可以允许 20%的性能下降。

3. 系统设计

(1) 设计原则。基于云平台的企业项目管理系统要面向不同的业务需求和规模庞大的企业用户,并且这些用户需要同时在线使用同一系统。用户对系统功能和界面的需求是多种多样的。随着企业业务的发展,系统用户数量也会增加,可扩展性也是需要考虑的重要因素。企业项目管理是一项敏感性很强的工作,这就需要保证系统的可靠性和安全性。在进行系统设计时,需要尽可能采用成熟技术,避免出现系统漏洞和安全隐患。因此,对基于云平台的项目管理系统的设计,要遵循以下设计原则:

1) 统一规划、分步建设原则。根据企业网络的实际情况,系统建设应遵循统一规划、分步建设的原则,充分考虑系统的演进,以及未来可能发展的方向和出现的问题,合理规划系统的各个环节。整个项目的进程分多个周期,第一周期主要关注核心模块的实现。在后续周期中,逐步实现所有相关系统的完全整合、自动化流程的增强以及移动端的支持。企业项目管理系统的搭建是一个迭代式开发和实现过程,每个阶段都有主要实现目标。

2) 可扩展性原则。系统能否适应未来新的业务发展,与体系结构有着重要的关系。一个先进的系统必然在满足当前需求的基础上充分考虑了系统的可扩展性。在该系统方案设计中，考虑到系统不断的扩展需求，从而设计出易于管理、可持续的体系结构。在系统架构上，可以提供向外扩展和向上扩展的能力。应用程序层也在设计上充分支持这样的扩展能力。这样，未来业务的扩展只需要在现有机制的基础上新增相应的应用服务模块，以满足不断变化的需求。因此，选取云平台以快速灵活地实现扩展。当业务扩展、用户增加时，只要管理员在云平台管理界面上轻松配置，就可以在几分钟内快速增加服务器实例，或者升级为更高性能的服务器。

3）经济性原则。设计的系统必须考虑经济成本和效益，要能够快速地建设平台。随着平台业务的发展，其任何一部分均应能相对独立地扩充，并采用叠加式扩充，这样就极大地降低了成本。

4）先进性原则。现代信息技术的发展日新月异，因此在系统建设时必须把握当前的技术状况，并充分考虑未来技术的发展需要，采用当前较为先进且成熟的技术和产品，以建设具有一定先进性的网络和应用系统。系统涉及的所有接口、协议、规范和技术，都是充分考虑了当前成熟市场的情况，并按预期发展方向选取的具有先进性的架构、技术和方案。

5）可靠性原则。运行在云平台的系统产生的数据都存在云端，系统的稳定和安全运行决定了数据的可靠性和安全性，以及企业内部项目的正常进行。因此，可靠性对于基于云平台的系统是至关重要的。

6）安全性原则。不同于一般的传统应用，云平台应用可能出现大量用户同一时间访问系统的情况，这就需要确保每个用户的数据安全程度较高，尤其当涉及企业的知识产权或者敏感数据时需要有更加牢固的保障。因此，需要将企业业务数据从数据级和应用级两个层面将数据隔离，保证不同部门或者区域的实体之间的数据相对独立安全；还包括上层用户权限角色控制，以及网络层的安全策略。因此，在安全性方面，系统从多角度、多层次进行安全保护。基于云平台的企业项目管理系统面向的用户范围比较大，包含云平台管理的所有用户。系统运营以后，用户数据庞大，各类用户都通过浏览器访问，因此必须考虑适合不同用户安全认证的功能。对不同用户应该严格限制不同的访问权限和查看内容。

7）多用户高效性原则。传统项目管理软件和服务大多面向特定的个人用户或企业用户。而基于云平台的企业项目管理系统部署在云计算环境中，实现更多企业用户的共享使用。普通用户通过浏览器方式访问数据、更新数据和下载数据。

8）可伸缩性原则。可伸缩性即系统使用过程中承受负载变化的能力。系统应能在负载变化时快速提升自身性能和降低资源利用率以适应负载。所因此，需要考虑云平台架构模式下的企业项目管理系统的网络拓扑结构设计、服务器分配、层次定义、高可用性以及在安全性基础上服务器之间的通信协议和端口需求。

（2）企业项目管理系统设计。由于大型企业业务的复杂性，对于项目管理系统的定制化要求，需要选取一个市场领先、功能相对齐全、方便开发定制的项目管理解决方案平台作为基础，然后在该平台上做进一步开发定制，以满足企业各方面的需求。

十三、项目管理系统自定义开发模块设计

在项目管理系统的第一阶段实现中，主要关注资源管理、项目管理核心部分和工时、费用管理的相关功能点，应自定义开发和基于企业的特点配置。

（1）项目管理主要包括基本的项目启动、执行和结束相关的流程。首先项目经理启动一个通过机会管理审批的项目，其次项目管理办公室在系统中创建相关的数据，最后通知项目集规划者创建项目级别计划和小组计划，并移交项目经理启动小组具体执行计划。

（2）资源管理允许有相应权限的用户去管理资源以及资源的所有属性。该用户可以是一个员工、一个合同工或一个相关的临时人员等，也可以是一个团队或一个职能部门。资源管理提供管理资源变化的自动化流程。

（3）工时管理提供了最基本的成本计算的数据来源。职能部门经理负责给小组成员分配具体任务，项目成员负责创建修改电子工时表。

（4）源数据主要包括两类：和财务相关的源数据和与资源计划相关的源数

据。这些源数据需要在自定义数据库中创建，具体类型和关系在数据库设计中涉及较多。

十四、项目管理系统技术架构设计

企业项目管理系统在云平台中的硬件网络等基础设施架构设计方案和项目管理系统设计方案确定后，除配置部署之外，还需要利用工具对其扩展接口定制化开发，实现满足企业需求的项目管理平台。

对于自定义开发部分，所有企业在线业务数据以及人力资源系统、财务系统等核心数据都存储于企业内部，还有一些业务的系统数据、工作安排的系统数据也都存储于企业内部。其数据库层是独立的自定义数据库。而适应企业内部需求的主要开发工作包括报表模块、商业智能展示模块、资源管理模块和自定义数据管理维护模块的开发。这些模块都是在实现云端数据、实例、工作流等产品的功能之后，必须通过二次开发来实现的功能点。

项目管理系统设计还包括系统集成及与其他系统进行数据交互的需求。项目组合管理系统与企业内部的其他系统如财务系统的交互通过 SAPI 7.4 来实现。企业内部与云端的交互通过 Web Services 来实现，遵循 REST Service 的标准。

第六章

基于微服务架构的服务发现可靠性研究

第一节　微服务架构的用户体验和好处

一、微服务架构的用户体验

现代软件系统的架构正变得越来越复杂，亟须架构设计和系统设计建模的新方法。高可用性是复杂系统的必需特性，微服务架构可以从架构角度解决这些问题。近年来，微服务架构在软件开发过程中越来越受欢迎。微服务架构是一种新的软件设计架构，主要致力于设计和开发高可维护性和高可扩展性的软件系统。

微服务架构的设计准则对于项目经理和开发人员是十分友好的，它为分布式应用程序设计和实现提供了指导。遵循微服务架构设计原则，每一个子服务的功能都是特别明确的。由于单个服务的复杂性往往不高，开发人员只需专注于实现和测试某个服务功能。而在传统的巨大服务中，由于许多软件工程师在维护同一个代码库，这将可能导致责任不清、互相推诿的情况发生。此外，每个微服务表示一个业务模块，故它们可以独立地按照自己的时间表进行交付和更新。服务开发者可以有很大的自主选择性。

只要保留向下兼容性并且保持服务接口稳定，服务开发者就可以自由修改自己的服务，而无须担心对其他服务及其发布计划造成影响。不同于传统的巨大单一系统，这种设计使得开发者在快速变化的业务环境中无须对整个系统进行重新修改和部署，而只需根据服务变化新增、修改或者删除某个功能。作为微服务架构的使用者，用户感知不到基于微服务架构设计的系统和传统的巨大单一系统的差别，但微服务架构能为用户提供更好的用户体验。

二、微服务架构的好处

基于微服务架构设计的系统往往由多个独立的服务组合而成，这些服务通过信息交互来实现不同的功能。正是由于这种特性，修改系统中的一个模块时无须重启整个系统，而只需将相应的服务重新部署。应用开发者在开发、部署和调试过程中有非常大的自由性，可以选择最合适自己的开发语言、开发框架、部署环境和配置方法等。调整微服务架构设计的系统也非常容易，开发者只需要根据各个服务的负载动态增加或者减少相应服务实例的数量即可。微服务通常是托管给容器的，这使得开发者可以方便地进行管理和维护。

对于巨大的单体应用来说，一些新技术的尝试是有限制的，如果想使用一个新的框架，则需要进行整体替换，这样可能带来很大风险，而使用微服务架构则有助于降低这种风险。基于微服务架构设计的系统往往是一个弹性系统，当某个服务发生故障时，系统仍能继续运行，虽然可能会失去一部分功能，但其余的功能仍然可为客户服务。这种设计降低了部署风险，即使部署出现中断，对系统的影响也很小，并且容易进行回滚。

微服务架构中的一个服务往往限制在一个很小的功能范围，这种设计使得一个服务的代码量不会特别大，同时能缩小漏洞修复的范围；并且由于各个服务是独立的，开发者可以直接独立部署测试服务功能，而不用考虑对整个系统的影响。

第二节　微服务架构的研究现状及成果说明

一、微服务架构现状

微服务架构把一个大的系统按照业务功能分解成一系列的独立服务，这些服务之间通过轻量级的方式通信，一个服务其实就相当于一个独立的应用。各个服务都可以有自己的开发团队，并根据之前定义好的设计文档进行开发。这样各个服务就能够根据自己的需求进行部署调试，各个服务有自己的迭代周期，可以自由选择编程语言、构建工具和部署环境等。

微服务架构固然有很多好处，但它仍存在一些问题。因为基于微服务架构设计的系统中包含了许多独立部署的子服务，每个子服务都有自己的开发与迭代周期，并对外提供服务，所以在运行过程中需要保证各个子服务的服务质量（quality of service，QoS）。由于每个子服务都可能独立失败，如何应对这些失败并减少它们对用户使用体验的影响是微服务架构面临的主要问题，需要设计相应的解决方法。

二、研究现状分析

（1）服务发现方面。在微服务架构下，各个模块是互相独立的，只要按照定义的开发文档，完成相应的功能性接口开发即可。但随着微服务架构系统中服务的增多，如何找到一个服务并对其进行调用是一个必须要解决的问题。当前有直接使用物理地址进行服务发现的方法。这种方法的好处是便于实现，但是存在可维护性差的问题。

（2）服务治理方面。维护一个工程的运行往往需要耗费许多精力，所用时间会占到总工作周期的40%~80%，有可能使得运维成本超过开发成本；而且未来的软件系统将在高度动态的环境中运行，环境条件、用户偏好需求都可能发生变化。面对这些变化，系统仍需要正确操作。由于微服务架构中各个服务是独立部署的，有自己独立的生命周期和运行环境，各个服务器需要能够独立应对这些外界条件的变化，因此如何实现服务的自我治理正成为一个热门研究方向。

（3）服务质量描述。服务质量成为服务选择中越来越重要的标准。当前对于服务质量的计算有很多研究，但仅考虑了服务质量，而未考虑到用户偏好，且仅仅使用了简单权重的计算方式，使用用户自行设置的各参数权重进行计算。这种计算方式存在明显不足，好的计算模型要综合考虑到服务的各种参数。

（4）系统建模分析。系统永远不是"完全可靠的"。在基于微服务架构设计的系统中，系统往往由许多单独的服务组成，这些服务都有可能单独失败。当这些单个服务发生故障时，需要研究这些故障如何爆发出来并影响架构中的其他服务，如何在系统中传播，以及如何影响最终用户体验，目前主要有建立依赖图和故障树的方法。但在当前研究中，依赖图自动化建立方案还存在准确性不足和便捷性不高的问题。当研究涉及系统可靠性时，最终的目的都是防止故障的发生，为此必须分析系统各应用程序之间的依赖关系。为了以结构化的方法做到这一点，可以使用故障树建模的方法。故障树定义为显示系统中关键事件与该事件原因之间的相互关系逻辑图。故障树分析是故障树构造的过程。故障树可以是定性或定量的。但是，当前的研究在故障树的建立过程中未考虑到系统中的差错容忍因素，以及系统中存在多条执行路径且多条执行路径在系统实际运行过程中执行概率不同的问题。

（5）服务风险预测和恢复方面。预测和跟踪系统中的故障也十分重要。风险管理分析是项目管理领域常用的一种方法，已被用于电力系统、无线网络安全、医疗服务和软件设计等众多领域。风险概念也适用于面向服务的设计流程，可用来选择适当的商业伙伴。这些都表明，风险管理可以有效避免损害的风险。将风险概念应用于 Web 服务管理机制，可以有效地预见微服务架构系统中可能存在的问题或弱点。针对基于微服务架构设计的系统中的服务风险，已经有研究改进了服务风险的计算与恢复模型，提出了相应的服务恢复方案。然而，这

73

些研究在服务风险计算模型中未考虑系统实际执行的情况，并且所提出的服务恢复方案仅限于简单的服务替换。因此，需要对现有方法进行优化和改进，以解决这些问题。

三、研究成果说明

针对在动态环境中高效低差错运行的服务计算问题，提出了一个服务计算模型，并通过层次分析法确定该模型的关键参数，包括成功率、失败率、可用率、资源占用情况以及吞吐量等。在此基础上，引入服务监测模块，用于实时监测获取服务的参数值，以实现自适应的服务模型。系统可根据当前服务的值基于自适应服务模型动态调整服务负载，实现自适应的微服务，保证服务质量，并使服务能够应对差错，避免差错蔓延。经过多组对比试验验证，服务计算模型和自适应模型具有避免服务差错连续发生并提高服务吞吐量与成功率的功能。

针对服务依赖和服务故障树研究中存在的问题，综合考虑系统中差错容忍和不同执行路径的执行概率等，以提高服务故障树模型的性能。通过自定义框架的 API 请求，系统可实现服务注册与服务发现功能。在自定义服务注册请求和访问服务注册中心后，可以获取系统中各个服务的依赖关系，实现服务依赖的自动化生成与动态更新。经过在基于微服务架构设计的实验系统上的测试验证，生成的服务依赖是准确的且符合实际系统情况。针对定量的服务故障树模型中存在的问题，增加了对系统各条执行路径概率情况和差错容忍情形的考虑，完成了定量故障树的生成。实验结果表明，改进的定量的服务故障树模型能够提高系统中任务执行情况模拟的准确性。该模型可用于分析差错在基于微服务架构设计的系统中的传播路径，以及影响整个系统的过程。

对于服务风险计算模型存在的问题，针对基于微服务架构设计的系统开发了新的服务风险计算模型，并改进了基于风险服务的差错恢复方案。当系统运行过程中出现风险远高于阈值的服务时，系统立即执行恢复操作，即服务替换和失败任务重新调用执行方案。经实验测试验证，在保障系统运行成功率的基

础上，改进后的服务风险计算模型相较于原有模型更准确地描述了服务的风险，并且减少了服务恢复的次数，提升了系统的运行效率和性能。

第三节 基于微服务架构系统的服务发现与建模分析

在基于微服务架构设计的系统中，每个服务都可以单独失败。这些独立的失败会如何表现出来，如何影响系统中的其他服务，以及失败任务在系统中如何蔓延，都是值得研究的问题。将系统可视化，能够很便利地分析系统中的各个服务和它们之间的依赖关系；使用定量的服务故障树模型可以分析各个阶段的故障对于整个系统造成的影响。

一、服务注册与服务发现

为了适应微服务架构的设计风格，相关的软件系统已经被拆分为一系列小型服务。这些服务通常在生产环境中以一个或多个实例的形式进行独立部署，并且可以动态地调整实例的数量。那么各个部署在生产环境中的服务如何动态定位？边缘服务或负载平衡器如何获取系统中服务实例的位置并进行调用？为此，基于微服务架构设计的系统中的参与者需要使用服务发现机制。该机制基于服务注册表实现，服务注册表在其中充当一个服务，可以被其他组件用来检索相关组件的绑定信息。微服务与注册管理机构进行通信以确定其位置，而客户端则通过注册机构来发现系统中注册的服务。

原则上，在微服务架构中使用的服务注册表没有区别。然而在实践中，服务发现通常作为企业服务总线的一部分来实现，服务总线充当服务通信的中心协调点。服务发现在微服务架构中尚无统一的标准，存在各种自定义实现方式，目前主要有两种实现策略，即客户端发现和服务器端发现。

（1）客户端发现。具体过程为：客户端意识到需要调用的服务的位置未固定，因此客户端向服务注册中心查询所需的所有服务的位置，服务注册中心返

75

回客户端所需的服务的位置。此后，客户端直接与目标服务通信。这种方法非常方便，系统中的客户端只需按照这种方法进行设计即可。

（2）服务端发现。具体过程为：专用的路由器服务负责进行发现逻辑操作，客户端专门与设置在固定位置的服务路由器通信。路由器接收到请求后，会与服务注册机构通信，以发现满足请求的所有服务，并将客户端请求转发给相应的服务。与客户端发现相反，这种方式并不要求客户意识到微服务的流动部署。但是，服务开发者需要部署额外的服务，如路由器、交换机等，这将额外消耗一些系统资源。

通过访问服务注册中心的服务实例列表，边缘的服务、负载平衡器或其他服务等都可以动态定位其所需服务，即服务发现过程。这种方式能够有效解决当前服务发现中存在的时延高和准确性低的问题。

服务发现是基于微服务架构设计的系统中重要的组成部分，系统的不同服务之间的通信取决于服务发现的可用性。

二、服务依赖图的生成

基于微服务架构设计的系统通常包含许多独立运行和部署的服务。从实践角度看，如果系统中各个组件不依赖任何其他组件就能成功运行，这当然很好。但在大多数的实际情况下，没有任何微服务是一个"孤岛"。在真实用户使用情景中，一个服务启动后，可以独自响应 API 调用，但实现某个具体功能时往往需要几个服务的协调和配合。

例如，订单服务启动后，该服务能告诉用户有多少订单。但用户的操作包括浏览商品目录、选择商品、购买商品和跟踪订单完成，需要多个服务的协作与配合。

最初依赖图被用来对程序进行分析，反映程序的各个模块之间的控制流和数据流情况。现在依赖图可被用来研究基于微服务架构设计的系统中各个服务之间的依赖关系。依赖图首先是有向图，有向图包含有向边和顶点。各个顶点之间通过有向边进行连接，从顶点离开的边称为出边，到达顶点的边称为入边。

微服务架构是一个抽象的软件架构，其中系统由许多不同级别的抽象操作定义。对于系统描述的具体颗粒度可以由参与者来决定。通常来说，有向图中的每个顶点都表示系统中的一个服务，即每个服务在依赖图中都对应一个顶点。

有向图中的有向边表示系统中各个服务之间的关系；有向边的方向表示各个服务之间的依赖关系，即有服务消费者指向服务提供者。例如，服务 A 需要消费服务 B 的结果，则有向边的方向为服务 A 指向服务 B。

三、服务依赖图的建立方法

当前服务依赖图的建立方法主要包括手工建立和基于服务接口建立两种，具体建立方法如下：

（1）手工建立的方法。该方法主要是通过人工来对系统中的服务进行标识和描述，然后使用这些手工标识来建立依赖图。手工建立依赖图并不需要使用具体的应用程序来实现，但这种方法受到一个人或者一群人对整个系统架构了解程度的限制。随着系统架构的不断扩大，系统中的服务数量也在增加，并且还有动态扩展的可能，即服务会随时增加或减少。当参与依赖图建立的人比较少时，这个工作量将会非常大并且难以对整个系统有一个全面细致的认识；当参与依赖图建立的人员非常多时，后期所有人的工作也会是一个庞大的任务。生成的依赖图会存在准确性不高和不全面的问题。依赖图建立后并不是一劳永逸的，还需根据系统的具体运行和部署情况做出相应的调整，并进行维护。对于手工建立的方法，如何保证依赖图的准确性也是一个挑战。

（2）基于服务接口建立方法。该方法主要是通过分析服务接口定义情况来建立依赖图。由于基于微服务架构设计的系统中各个服务都对外提供了服务接口，依赖图生成算法可以提取系统中各个服务的接口列表，并根据接口列表中接口参数的调用关系获取服务之间的依赖关系。这种方法的前提是能够访问系统中各个服务的代码库，并从中提取到服务接口的详细信息。但是，接口列表

中的一些接口参数可能会出现重复的情况,从而导致无法确定相关服务的依赖和调用关系,这时还需通过人工匹配来解决这一问题。此外,在接口列表的获取过程中可能会获取到一些不需要的内部接口,这将会对最终依赖图的生成产生干扰。

四、服务依赖图生成步骤

服务依赖图的自动化生成,是指基于系统服务注册中心和各服务配置文件的依赖图生成方式。服务依赖图生成步骤如图 6-1 所示。

服务A → 注册中心 → 发生器模式 → 输出 → 依赖图及其更新

图 6-1　服务依赖图生成步骤

依赖图的具体生成过程可以分为以下步骤:

(1) 系统中服务的注册。针对系统中的不同服务,部署各自的服务注册模块,服务注册模块基于 Eureka 框架的 RESTful API 实现。当系统中的各个子服务启动后,向系统中的服务注册中心发送注册消息。服务注册中心同样基于 Eureka 框架实现。服务器的注册信息中包含服务的部署地址和服务的实时运行状态,还增加了自定义参数来描述当前服务的相关依赖关系。按照这种主动注册方式,完成系统中服务的注册过程。

(2) 系统中服务依赖关系的获取。依赖图生成模块通过向服务注册请求当前系统中的服务实例列表,获取当前系统中服务的数量;并通过服务注册时向服务注册中心发送的依赖关系获取当前系统中各个服务之间的依赖关系,根据依赖关系生成 DOT 标记,完成最终依赖图 DOT 描述文件的生成。

(3) 依赖图的自动化生成。调用开源工具包完成服务依赖图的应用程序自动化生成,并输出到指定目录。

(4) 依赖图的更新。当系统中出现服务实例增加或者减少的情况时,服务注册中心能够实时感知到系统中服务实例数量的变化,依赖图生成模块能够通过访问服务注册中心，实时获取相关信息，完成描述文件的更新，从而完成服务依赖图的动态更新操作。

五、服务故障树模型

1. 定性的服务故障树的生成

在系统中存在这样一种情况：当服务 A 失败时，可将服务 B 的失败视作原因，因为服务 A 依赖于服务 B。然而，在实际系统中，往往会存在差错容忍机制，故即使服务 B 依赖于服务 A，当服务 A 失败时，服务 B 不一定会立即发生故障。

将依赖图转换为定性的服务故障树的关键在于从依赖图中获取各个服务的依赖关系，具体转换步骤如下：

（1）找到依赖图的根节点，在根节点上添加 TOP 事件。

（2）根据依赖图中的节点，将依赖图中的节点转换为事件，这些事件被称为基本事件。

（3）通过使用与门或者或门来连接 TOP 事件与各个基本事件，具体添加方法为：对每一个基本事件，为其每条出边添加一个与门；如果有多条出边，则查看是否有差错容忍标记。如果没有差错容忍标记，则将多条出边作为一个与门的输入，有向边的方向与依赖图中的方向相反；如果有差错容忍标记，则添加或门，并根据具体的差错容忍情况进行描述。具体的差错容忍分为以下几类：

1）服务 B 的成功或失败并不会影响服务 A 的执行，如图 6-2 所示。

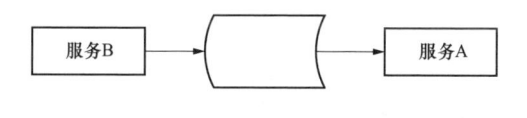

图 6-2　差错容忍情况一

2）服务 B 或者服务 C 只要有一个能正常执行，服务 A 就能够正常执行，

如图 6-3 所示。

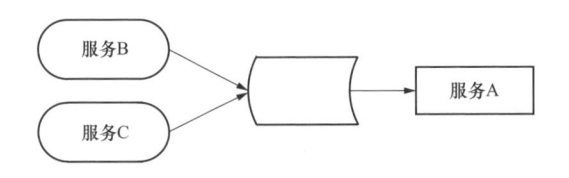

图 6-3　差错容忍情况二

（4）对系统中的执行路径进行标记，将同一条执行路径上的服务做相同的标记。

（5）从根节点开始，逐步将依赖图中的所有节点转换为节点事件，并通过与门或者或门进行连接。对于同一服务所依赖的多个服务，若这些服务位于不同的执行路径上，考虑到不同路径通常只执行一次，因此在一个服务依赖于多个服务，而这些服务属于不同的执行路径的情况下，需要选择或门来连接不同路径上的服务输入；其他情况下，选择适合的与门进行连接。至此，定性的故障树生成已完成。

以上操作都是通过依赖图的 DOT 描述文件来实现的。只需生成新的定性的故障树的 DOT 描述文件作为开源工具包的输入，即可完成基于微服务架构设计的系统故障树的生成。故障树示例的建立步骤如图 6-4 所示。具体步骤如下：

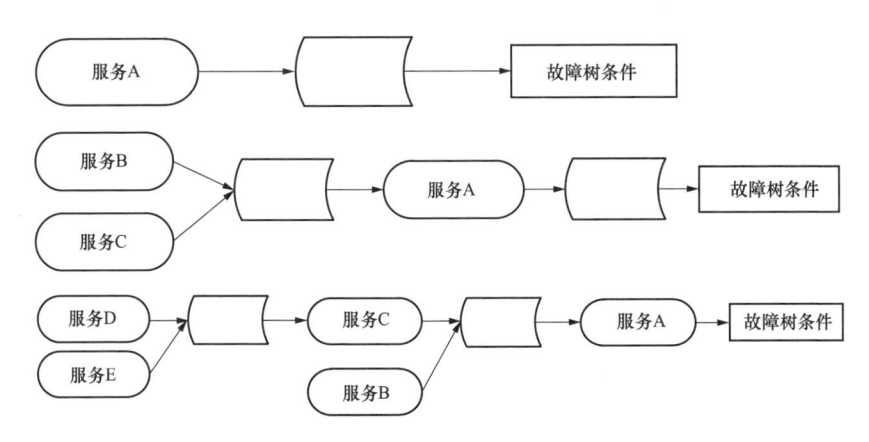

图 6-4　故障树示例的建立步骤

（1）在根节点外的输出中增加 TOP 事件，并将 TOP 事件与根节点用或门连接。

（2）为服务 A 的出边添加逻辑门进行连接，此处服务 A 依赖于两个服务，且无差错容忍标记，故两个服务通过与门连接输入。

（3）对于服务 B，由于其无出边，故无须继续执行该过程；对于服务 C，由于其有两条出边，且无差错容忍标记，故通过与门将其与依赖的两个服务进行连接，即将服务 D 与服务 E 作为与门的输入。

2. 定量的服务故障树的生成

首先，生成定性的故障树。在此基础上，完成定量的服务故障树的生成。通过量化定性的故障树中基本事件的成功概率，即可得到定量的故障树的 TOP 事件的成功概率。TOP 事件的成功概率可以用来评估整个系统的成功概率，还可以通过分析基本事件的成功概率对于 TOP 事件成功概率的影响来进一步分析某个服务是如何影响整个系统的。

一个基于微服务架构设计的系统中，往往有很多执行路径。在系统运行过程中，不同执行路径的执行概率也不同。可通过以下方法来获取不同执行路径的执行概率：当一个服务被部署后，服务会执行被分配的任务。可以通过监测获取服务执行任务的情况。经过一段时间的执行，便能获取到该服务执行任务的历史数据。综合系统中各服务运行的历史数据，就能够得到系统中各执行路径的执行概率。将各执行路径的执行概率加入定量的服务故障树中，可用于量化系统的可靠性分析。具体步骤为：

（1）根据系统的历史运行数据获取系统中各执行路径的执行概率，针对存在多条出边的基本事件，在其每条出边上标出该路径的执行概率。

（2）针对存在差错容忍的情形，将一条输入边标记为 1。

至此，已经完成定量的服务故障树的生成。定量的服务故障树可用于分析系统中基本事件对系统运行的影响，通过获取基本事件执行的成功率和失败率，可以计算定量的服务故障树的 TOP 事件的成功率和失败率。该过程可基于具体实验进行分析。

3. 实验环境

实验环境的软件系统为恶意应用监测系统，该系统基于微服务架构设计实现，系统由许多服务组成，每个服务都有各自的部署环境和生命周期，并使用独立的消息队列和非关系型数据库来存储实验结果，各服务独立部署，最终表现为一个整体共同对外提供服务。

4. 系统服务依赖图的生成实验

各个服务均部署了服务注册模块，服务启动后会向服务注册中心发送注册信息，服务注册客户端基于 Eureka 框架的 RESTful API 实现。服务注册中心基于 SpringBoot 框架实现，通过向服务注册中心的服务注册地址发送 JSON 格式的请求，可完成服务注册中心的服务注册任务。

请求提取相关参数的值存储在各个服务的配置文件中，服务注册客户端在向服务注册中心注册服务时会从配置文件中读取相关的参数值，并以 10s 的时间间隔向服务注册中心发送请求。若服务收到的返回码为 204，即表示该服务成功在服务注册中心完成注册。

如果服务需要进行注册取消，只需要采用 Delete 的请求方式，向注册中心地址发送消息，即可完成相应服务的注册取消操作。若服务收到返回码为 200，即表示服务成功向服务注册中心取消了注册。

如果服务注册中心超过指定的时间间隔仍能收到某服务实例发来的注册包，服务注册中心将对注册的服务实例列表进行更新，取消相应服务实例的注册信息。

当系统中所有服务启动并完成注册后，能够通过访问服务注册中心查看系统中存在哪些服务以及这些服务的运行状态信息。Eureka 框架还提供了图形化的服务监控界面，通过访问该测试系统中的服务注册中心的图形化管理界面，可以直观地了解系统中的情况。通过该图形界面，可以查看实验测试中的具体服务，并通过访问服务注册中心获取详细信息。返回值以 XML 格式进行封装，可以通过应用程序进行解析。系统中各个服务可以通过访问服务注册中心来实现服务发现，获取其所需要调用的服务位置。

六、服务依赖关系获取

（1）服务发现的过程。通过访问地址进行服务发现，根据需要调用的服务实例的名称得到各个服务的位置，并根据服务位置进行调用。依赖图生成模块通过访问服务注册中心获取系统中各个服务之间的依赖关系，并根据依赖关系匹配生成 DOT 文件。

（2）依赖图的自动化生成过程。依赖图生成模块通过将生成的 DOT 描述文件作为输入，调用开源工具包来完成依赖图的生成，并将生成的依赖图输出到指定目录。

通过将模块生成的服务依赖图与实验系统的实际情况进行对比，发现依赖图准确地反映了系统中各个服务的对应关系和依赖关系，真实地反映了实验系统的结构和运行情况。此时，若系统中的服务发生变化，如新增了服务或者原来的服务停止退出，服务注册中心就能够感知到系统的变化，并实时更新服务注册中心实例列表的信息。这使得服务依赖图能够在动态变化的环境中进行高效而准确的更新。因此，服务依赖图的生成方案具有良好的效果，能够被应用到基于微服务架构设计的系统中。

七、系统服务故障树的生成实验

在恶意应用检测系统的实验环境中，首先生成一个定性的服务故障树，对系统中存在的差错容忍标记进行处理。由于系统具有差错容忍机制，因此对存在故障的服务，系统会采取相应的处理措施。无论判断加壳服务是否执行成功，系统都会执行静态检测任务。为了表示这种情况，可以添加一个输入端，使用一个或门逻辑来表示。在该实验中，根据历史数据可知该系统中存在两条执行路径，每条路径代表一种不同的操作序列或者逻辑流程。两条执行路径分别为：

（1）上传服务—获取信息服务—资源文件分析服务—判断加壳服务—静态

监测服务—动态监测服务—报告生成服务。

（2）上传服务—获取信息服务—脱壳服务—源码分析服务—资源文件分析服务—动态监测服务—报告生成服务。

定量的服务故障树生成模块通过读取各个服务实例的结果消息队列，获取各个服务实例在过去一个时间段内任务的执行情况，包括任务数量、成功率和失败率。在具体的服务实例执行的一个时间段内，通过获取实验系统运行的历史数据，可完成实验系统定量故障树的生成。在具体生成的定量的服务故障树中，各个顶点上标有该顶点所代表的服务的名称，每个顶点代表一个服务部署实例，有向边的方向反映了系统中各个服务之间的数据流向关系，有向边上的值表示经过该服务的所有出路径中，该路径在过去指定的时间段内被执行的概率。

根据生成的定量的服务故障树模型，分析了系统中各个服务的故障对于TOP事件的影响。通过使用该方法，可以利用实验系统在过去一段时间内的运行历史数据，生成依赖图并根据各个服务的成功率计算TOP事件的成功率。改进后的定量的服务故障树模型显示，实验系统主要包含两条执行路径。

然而，若不考虑系统中各个执行路径的概率差异，在计算过程中假设各个执行路径的概率相等，可能导致最终计算得出的TOP事件的成功率与实际成功率存在偏差。具体而言，若执行概率较低的路径存在异常高的失败率，则最终计算得出的TOP事件成功率可能会产生误差。在该次实验中，两条执行路径的执行概率差别较大，成功率差别不大，但服务故障树模型中默认两条执行路径的执行概率相同，这导致最终计算出的TOP事件的成功率与实际成功率存在偏差。因此，为了更准确地计算TOP事件的成功率，在生成定量的服务故障树模型时必须考虑系统中各个执行路径的执行概率。

由于判断加壳服务的执行情况并不会对APK静态监测服务产生影响，因此采用添加或门的方式对脱壳服务、判断加壳服务和APK静态检测服务部分存在的差错容忍进行表示。而如果不考虑差错容忍，生成的故障树则无法真实地反映此种情况，这将导致计算得到的TOP事件的成功率明显低于实际成功率，从而影响定量的服务故障树模型对于系统运行状态分析的准确性。

通过分析TOP事件的成功率，可以了解每个服务实例成功率的变化对整个系统的影响。因此，可以根据系统中各个服务的成功率来分析最终的成功率，并进一步分析某个服务成功率的变化对最终 TOP 事件成功率的影响。通过这种方式，可以准确评估每个服务对系统整体性能的贡献程度，并识别出哪些服务对最终结果有关键影响。这有助于优化系统中具有较低成功率的服务，以提高整体成功率。

定量的服务故障树同样可以被用来分析系统中错误的传播途径。例如，在实验测试系统中，如果上传服务出现较高的失败率，通过故障树分析可以确定它对 TOP 事件成功率的影响较大。然而，当脱壳服务出现较高的失败率时，由于脱壳服务被执行的概率较小，因此它对最终 TOP 事件的影响较小。具体的 TOP 事件的成功率均能通过定量的服务故障树模型计算得到。

当系统中的一个服务发生错误时，可以利用故障树分析其对其他依赖服务的执行情况，并计算得到 TOP 事件的成功率。这种方法在基于微服务架构设计的系统中非常有效。

八、微服务风险的差错恢复方案

首先改进的服务风险计算模型被引入系统中，通过该模型计算得到的服务风险值可用来量化评估中服务发生错误的可能性。根据系统中各服务的风险差错恢复方案，系统可对风险值超过设定阈值的服务进行替换，并对存在问题的任务进行重新调用执行。实验结果表明，存在风险的服务能够提前从系统中被移出，出现的错误能够被恢复。改进后的基于服务风险的差错恢复方案能够保证系统中服务高效低差错地运行，从而保证系统的可靠性。

解决服务运行时发生的故障是不够的，跟踪和预测服务的故障同样十分重要。风险分析被广泛用于工程管理中，它也可以用来分析基于微服务架构设计的系统的可靠性。在该系统中，每个服务的风险值被用于评估其对整个系统可靠性的影响。在基于微服务架构设计的系统中，各个服务就像系统中的原子一样，即使只有一个服务出现故障，也可能会对整个系统造成风险。此外，过多的服务会增加系统的复杂性，并且会使系统的整体安全难以实现。当前的微服

务架构通常由许多开发人员共同开发，并且开发方式各异，这种情况使得系统的可靠性更加难以保障。

成功的业务往往需要风险评估、风险管理和相关的回报分析，软件系统也不例外。把构建无缺陷的软件系统设置为目标往往不是一个特别好的商业决定，这个问题的真正解决方法是确定该系统能够接受的错误率是多少。只要保证系统的错误率低于设定的可接受阈值，软件系统就可以自由开发部署。当前的种种研究表明，在系统中使用风险管理是十分有益的。

由于系统中每个服务都可能是容易失败的，因此如果依赖关系没有被适当地隔离以避免故障的连锁反应，这可能会导致一个错误链。这种情况下微服务架构的性能会比巨大的单体架构还要糟糕。假设有 100 个微服务器，每个微服务器只发生一个故障，则总共可能有 100 个不同的故障发生，而在实际情况下每个微服务器可能发生多个故障。当一个微服务器发生故障时，如何确保其他依赖的微服务仍然可用，并防止故障传播到整个系统是目前亟须解决的问题。即使微服务架构能给系统带来诸多好处，但在故障的连锁反应下，微服务架构的可用性将面临巨大的挑战。为解决上述问题，提出一种对应的差错恢复方案，其执行步骤如图 6-5 所示。

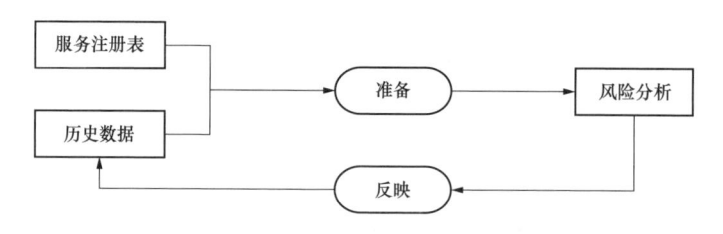

图 6-5 差错恢复方案执行步骤

差错恢复方案的具体执行步骤如下：

（1）获取目标系统的服务依赖图，此处采用自动化服务依赖图的生成方案，完成服务依赖图的生成。根据服务依赖图完成对于目标系统各服务依赖关系的分析，并确定目标系统中执行路径的分布情况。

（2）获取目标系统中各个服务器的运行状态的历史数据信息，这些历史数据信息将被用于各个服务的风险值计算。

（3）监控模块利用各服务的实时运行状态信息，基于改进完善后的服务风险计算模型，完成各服务的风险值计算。

（4）基于差错恢复方案对风险值高于阈值的服务进行差错替换，并对存在问题的任务进行重新调用和执行。

监控模块可以收集系统中各服务在过去指定时间段内的运行状态信息，包括任务成功率、任务失败率和执行路径等。在通过服务风险计算模型计算每个服务的风险值后，系统可根据设定的阈值执行相应的差错恢复方案。同时，系统中的各服务也能进行实时调整，以优化系统的性能和稳定性。

九、服务风险计算模型

根据服务风险计算模型来预测系统的运行情况时需要考虑以下两个重要的方面：一方面，需要确定服务风险计算模型所使用的具体对象，它是一组系统组件，还是一个子系统；另一方面，确定的具体对象发生错误的概率以及产生错误对系统造成的影响。

在基于微服务架构设计的系统中，选择独立部署的单个服务作为研究对象，并获取各个服务实例的运行状态信息。通过应用服务风险计算模型，可以得到系统中各个服务的风险值。

风险可能性是用来评估基于微服务架构设计的系统中运行服务的稳定性的参数。该参数可通过以下步骤获得：

（1）获取服务的可用性和可靠性。

（2）通过综合判定规则，获取参数。

在服务风险计算模型中，风险影响表示某个服务失败可能带来的影响。当某个服务非常重要时，其失败所造成的影响也将非常大。在基于微服务架构设计的系统中，使用者需要对每个服务进行评价，评分越高表示该服务在系统中的重要性越高。而服务风险计算模型中的风险影响则是结合使用者对服务的评分和系统中的各执行路径来计算的。

获取服务执行路径概率的流程具体为：首先进行执行路径测试，以获得系

统中所有可能的执行路径；然后基于历史运行数据，在过去需要评估的时间段内计算某条路径的执行概率。

十、差错恢复方案

改进后的差错恢复方案主要包括两个方面，即服务替换和任务重新执行。服务替换是尝试使用具备相同接口和功能的服务来替代当前服务，以避免故障的发生。任务重新执行则是将出现差错的任务重新调用执行，以对系统中出现的差错进行恢复。基于风险改进的差错恢复方案步骤如下：

（1）对于系统中的各服务进行测试，确定系统中各服务需要保证的风险阈值，并根据用户偏好进行设置调整。

（2）监测系统中各服务的运行状态，根据系统中各服务的运行数据，通过服务风险计算模型得到各服务的风险值。

（3）对于系统中风险值高于设定阈值的服务进行服务替换，并对失败的任务进行重新执行。

经改进后的服务风险计算模型的结果验证，该模型能够更准确地反映系统中服务的风险情况，并能够有效减少差错恢复方案执行过程中服务替换的次数，可在有效节省系统资源的同时，提高系统执行任务的成功率。

微服务架构的应用是未来软件系统发展的一种趋势。业界已经证明，SaaS是一种可行的实现方式。本章对基于微服务架构设计的系统中的服务发现与可靠性进行了研究并提出了改进方法，主要包括系统中服务发现的具体实现方案，研究内容主要包括以下几点：

（1）为了使当前系统能在快速变化的运行环境中高效低差错运行，对服务可用性进行了研究，提出了基于服务质量的自适应服务模型。该模型能够有效解决动态环境下服务的高效运行问题。通过该模型，可以避免服务差错的连续发生，并显著提高单位时间内服务执行任务的成功率和执行任务的数量。

（2）在服务发现的研究中，采用 Eureka 框架和自定义服务注册请求体，以客户端发现的形式实现了服务发现功能。该方法解决了系统中服务动态变化部

署、服务发现时延和服务发现准确性问题，并为后续的相关研究提供了基础。

（3）在系统整体可靠性分析建模的过程中，首先分析了服务依赖图和故障树用于微服务架构风格系统的可靠性评估的可行性，研究了应用程序粒度级别的服务依赖图，确定了自动化构建服务依赖图的方法，成功实现了基于微服务架构设计的系统中服务依赖图的自动化生成。利用该方法不仅能动态更新服务依赖图，而且经实验验证，生成的服务依赖图具有较高的准确性。基于生成的服务依赖图，使用服务故障树模型来构建系统中服务的故障树，并以此来研究系统的可靠性。通过使用服务故障树模型，可确定系统中各运行应用程序依赖于哪些应用程序，并将系统中各服务的依赖关系可视化。该模型在系统设计和故障分析中具有重要的作用，有助于提高系统的可靠性和稳定性。

（4）在具体服务实例的可靠性研究中，提出了基于服务风险的差错恢复方案，旨在降低服务发生故障的概率和可能造成的损害。经实验验证，基于服务风险的差错恢复方案能有效地确保系统运行的稳定性，并提高系统运行的成功率。

第七章

基于服务域的微服务组织部署及发现研究

第一节 微服务组织部署及发现机制研究背景

微服务因其优点被越来越多地用于构建灵活、可扩展性强的软件系统。与 SOA 类似，微服务提供了一种构建软件系统的架构风格，旨在赋予 IT 系统充分的自主性和灵活的发展空间，同时满足系统之间资源共享的需求。在构建微服务架构方面，容器尤其是 Docker 技术具有众多优点，成为目前的绝佳方案。

微服务的动态实例变化特性使得如何合理存储和高效检索实例位置成为首要挑战。服务注册中心作为存储服务注册信息的关键模块，提供了服务注册和服务发现功能，这些功能对于 Web Service 和 SOA 不可或缺。然而，这些服务信息的组织方式存在缺点。由于在具体实现中多采用单一组织结构和集中部署结构，因此导致查找效率低、单点故障和可扩展性差。为了解决这些问题，需要采用对等集群结构来存储和部署服务信息。目前的服务组织逻辑依然是按照记录列表的形式存储在数据库，无法实现快速扩展且保持组织结构清晰。因此，如何改进这种模式以实现与业务目标的有效协调，并为企业提供简单清晰、有助于快速变革的组织架构，成为业界面临的新挑战。

实时定位微服务实例位置也成为一个挑战。虽然现有基于一致性算法的实例能够满足基本要求，但缺乏对负载均衡的有效支持。如何在定位微服务实例的过程中平衡节点负载、实现资源调度，更是值得研究的课题。自动服务发现协议因其众多优点被认为具有广阔前景，但它仍存在许多问题，需要结合微服务特点设计改进自动发现机制。

针对上述问题，调研分析了关于服务组织部署模型和发现机制的相关文献，提出了新的基于服务域划分的服务组织模型。该模型按照服务的业务能力和业务领域来合理组织层级树形式的分布式结构，构建基于类域名的服务域系统和基于容器的微服务实例集群，充分利用初次查询的缓存快速定位服务域。同时，采用容器集群内置的基于轮询算法的发现机制，直接定位微服务实例位置。为了解决将自动发现机制应用于微服务查找协议时所带来的缓存问题，根据服务的组织模型提出了相应的两阶段服务查找机制，与现有查找算法相比其查找效率更高且实现更简单。在对容器集群任务调度机制进行分析的基础上，扩充负载均衡功能，提出了新的资源调度方案。

第二节 微服务组织部署与发现机制概况

一、微服务组织部署

在面向服务的软件架构中，服务注册中心的设计至关重要，它能够反映服务的组织结构和部署方式，影响服务的查找效率和系统的整体性能。服务的组织部署一般分为集中式部署和分布式部署两种。由于集中式部署容易发生故障且存在性能瓶颈等问题，故通常采用分布式部署结构。

1. 集中式部署结构

在集中式部署结构中，全部的服务信息存储在单个节点。在这种结构下，服务信息不能动态更新，存在信息过期失效的问题。集中式部署结构虽然实现

和管理简单，但当服务数量增加时查找效率降低，且服务与业务领域缺乏明确的对应关系，无法清晰界定服务边界。

2. 分布式部署结构

分布式部署结构是一种常用的组织和部署结构，其中的服务信息存储在多个节点，并且多个节点互为备份，能够实现服务信息的高可用性。然而，为了保持不同节点之间信息的一致性，节点之间需要互相通信，这给节点带来了额外的负担；并且各节点都存储服务的全部信息，一旦节点失效会导致全部信息不可用。

分类是组织信息的有效方法。通过分类不仅能明确信息要素，而且能简化信息管理方式。因此，服务分类成为一种常用的方法。将服务划分为不同领域的方式使得各个领域具有清晰的边界，能够明确服务职责、简化信息的组织和管理方式，同时提高服务的查询效率。

在存储库中，服务通常组织为列表的形式，服务的查找一般满足线性复杂度，而层级聚类方法则将存储库中的服务按照层次聚类算法组织为层级结构，服务的查找满足二叉树查找结构的复杂度，提高了服务的查询速度。

二、服务发现模式与机制

在微服务环境下，由于服务动态启停的特点，无法在设计阶段确定服务实例的网络位置，因此需要设计一套机制以确保实时更新服务实例的网络位置。SOA 与微服务环境下的服务发现并无本质区别，但在具体实践中，服务发现功能通常内嵌在服务总线中。尽管如此，微服务架构下的服务发现却无统一标准。按照微服务架构下服务发现处理策略的不同，现有服务发现模式分为客户端发现模式和服务端发现模式，服务发现机制分为自实现服务发现机制和基于标准协议的自动服务发现机制。

1. 服务发现模式

（1）客户端发现模式。客户端决定服务实例的网络位置，并完成对请求的负载均衡。客户端首先查询服务注册库，获取所有满足条件的可用服务实例，然后根据负载均衡策略选择一个实例进行请求发送。客户端发现模式如图 7-1 所示。

图 7-1 客户端发现模式

在客户端发现模式中，服务实例在服务启动时会将自身的网络位置注册到服务注册库中，并在服务关闭时从注册库中删除。客户端发现模式架构简单，但需要在客户端设计阶段就按照该方法运行。客户端还需要实现负载均衡模块，因此导致开发成本较高。此外，对于不同的编程语言和框架，客户端需要实现服务发现逻辑，这会带来额外的维护成本。

（2）服务端发现模式。路由器或负载均衡器决定服务实例的网络位置，服务实例位置的发现过程对客户端透明。客户端向路由器发出请求，路由器向服务注册库查询可用服务实例并根据负载均衡策略从中选择一个实例，然后转发请求至该服务实例。服务端发现模式如图 7-2 所示。

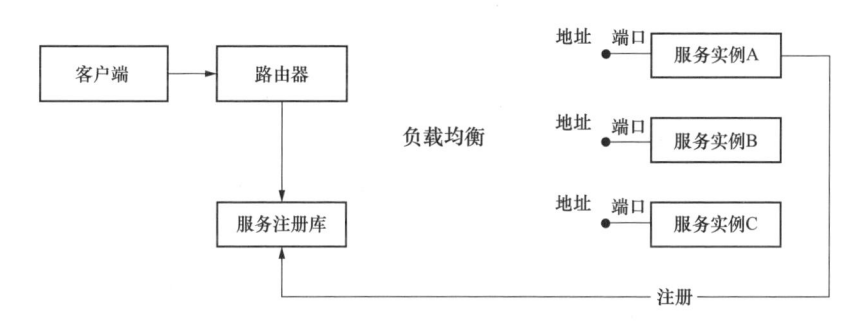

图 7-2 服务端发现模式

服务端发现模式的优点是，客户端无须了解架构的部署方式和服务实例网

络位置的发现细节，只需简单向具有固定网络位置的路由器或负载均衡器发出请求，并且在某些部署环境中已经提供了该功能。该模式的缺点是，路由器或负载均衡器需要实现服务的发现逻辑和负载均衡功能。如果部署环境中没有提供该功能的组件，则需要额外配置和部署。

从上述分析可知，两种模式各有优劣，因此在实践中都有应用。影响服务发现机制性能的因素包括可用服务实例的查找速度、从可用服务实例列表中筛选最佳服务的速度、对服务使用者的友好程度，以及服务发现机制的实现难易程度等。

2. 服务发现机制

（1）自实现服务发现机制。自实现服务发现机制需要服务平台提供者自行实现服务发现模块，并确保其服务发现效率能够达到预期目的。在该机制中，一种基于本体语义的服务注册模型被提出，它在支持有限语义推理的前提下能够提高服务查找的准确率和查全率。然而，在语义推理过程中，服务查询效率不高。此外，还有基于文本超链接的思想将 Web Service 之间的逻辑关系以图的形式表示，并以查询图的方式来实现服务发现的方法。这种方法利用服务图在注册中心建立语义搜索引导，提高服务的发现效率。然而，这些自实现的处理方法在微服务架构中并不适用，因为数量众多的微服务会导致查找结构膨胀，进而降低查询效率。

根据领域本体的语义信息，一种能够自动调整领域划分和资源分配的分布式服务发现结构被提出。利用两阶段服务发现机制，可以快速在分布式环境下定位注册中心，避免各注册中心之间互相通信造成的网络堵塞。然而，该架构中的注册代理服务器可能成为其应用阻碍，而且该结构没有解决语义注册中心的性能瓶颈和单点故障问题，因此注册信息的可用性无法得到有效保证。

（2）基于标准协议的自动服务发现机制。与自实现服务发现机制不同，基于标准协议的自动服务发现机制具有自动配置的功能，能够减轻普通用户和管理人员的工作负担，因此逐渐被引入服务发现机制中。

服务位置协议能够实现服务位置的自动发现。该协议使用目录代理

（directory agent，DA）来存储初始无状态的服务信息库，并收集所有服务代理（service agent，SA）发布的信息。若 DA 不可用，用户代理（user agent，UA）就会向所有的 SA 广播请求，收到请求的 SA 就会响应请求。此外，该方法能够免去管理员繁琐的配置工作。这种服务自动发现机制基于动态主机配置协议（dynamic host configuration protocol，DHCP）与服务定位协议（service location protocol，SLP）实现，无须人工干预，服务请求过程对服务消费者是透明的，同时可激活更多的 DA 来提高 SLP 的性能和 DA 的可用性。在这种方法中，DA 按照集中式结构组织服务信息，通过冗余机制来保证 DA 的鲁棒性。然而，当 DA 不可用或存在大量的服务查找请求时，UA 以组播方式发送请求会造成短时间的网络拥塞。

DHCP 能够配置服务位置，客户端无须额外配置就能够自动查询所需服务。然而，DHCP 无法保证当前返回给服务消费者的服务可用。客户端使用简单的组播发现协议向所有可用服务发送请求，满足请求的服务都会返回位置信息给客户端，客户端再从中做出选择。但如果同时有大量的响应者满足请求并且同时向客户端返回响应，客户端自身的处理能力也可能成为瓶颈。

域名系统（domain name system，DNS）提供了名称到地址的映射功能，能够根据域名查询对应的 IP 地址。利用 DNS 的查询机制和域名的组织结构，可以实现服务的自动发现。然而，DNS 的缓存机制使得一段时间内每次从 DNS 查询得到的结果都是固定的，直至缓存失效才能再次获取所需服务实例的列表。在微服务架构中，提供服务的节点是动态变化的，导致从 DNS 查询缓存中取得的当前返回结果所指向的节点可能是不可用的。因此，在微服务架构中，直接使用 DNS 查询机制来定位运行微服务实例的节点是不合适的。

针对使用容器技术的微服务架构中服务发现的难点，提供了一种完全去中心化的开源解决方案。该方案的主要思想是，不直接运行给定容器而是设置一种父容器，并通过配置文件向父容器传递一系列需要实际运行的子容器来完成相关服务。父容器保证服务容器的运行，并在集群中维护一份本地服务的注册信息来进行服务发现。但该方案只适合在单个数据中心进行中小规模的部署，当跨集群或网络范围扩大时，系统的性能就会下降。此外，该解决方案没有考

虑集群节点的工作负载，无法解决节点加入和退出集群时的负载均衡问题。虽然父容器不会直接入侵子容器，但将它们封装为一个容器时，子容器更加依赖于父容器，无法有效处理父容器故障导致的子容器无人监管的问题。

第三节　负载均衡与资源调度概况

负载均衡作为一项计算机网络技术，用于在多个计算机之间分配工作负载，实现资源利用最大化，同时提升系统吞吐率、降低平均响应时间。

目前常用的负载均衡处理策略都是基于网络模型的网络层和应用层的数据交换技术。网络层交换技术主要关注传输层数据包的交换，通过对流量的精确控制来实现负载均衡；应用层交换技术能够根据该层的数据传输情况实施更多的控制。

一、基于应用层的负载均衡策略

典型的基于应用层交换技术的负载均衡处理方案为：负载均衡器首先建立并保持与所有客户端的初始连接，待请求资源的统一资源定位符（uniform resource locator，URL）确定后，采用负载均衡算法将连接重新分发到具有多个虚拟 IP 的真实后端服务器，并修改客户端和服务器连接的源地址和目标地址，返回请求时绕过负载均衡模块直接将结果返回给客户端。

二、基于网络层的负载均衡策略

典型的基于网络层交换技术的负载均衡处理方案为：当客户端尝试建立连接时，使用一种低开销的分布式数据包重写技术来重定向传输控制协议（transmission control protocol，TCP）连接，判断是否应将连接重定向至集群中的不同主机。此外，可以从网络拓扑结构和网络数据包控制角度出发，进行流量调度、控制网络和服务器上的负载来最小化请求响应时间，同时通过自定义的路由控制机制来平衡负载。

三、基于统计方法的负载均衡策略

基于统计方法的负载均衡技术的关键是定位可能成为瓶颈的组件。最常采用的处理方法为：以代价最小和对系统影响最低的策略，收集统计数据，定位影响系统的瓶颈组件，减少对瓶颈组件的请求，直至系统负载瓶颈被消除。该方法的关键在于统计数据的收集，一种常用的方法是分析服务器日志，通过统计不同时间段内请求的类型和数据库服务器的 CPU 负载之间的关联度来定位瓶颈组件。然而，关联度的统计可能会出现偏差和异常情况，且收集统计数据操作本身会对系统造成干扰。

用户请求意外激增的情况表现为现有资源调度耗时长，常常需要结合随机概率的理论采用预分配和动态分配资源的策略来应对。例如，基于动态浪涌的保护模型能够实现自适应短期预测和在线容量规划等；基于比例概率的方法向各节点合理分配工作负载，避免节点瞬间过载；采用随机概率分配的方法为请求分配资源，使访问负载分布更均匀等。

消除负载均衡操作对用户请求关键路径的影响，能够提高服务器的平均响应时间。一种方法是将低负载服务器的发现工作与请求的分配解耦，以减少请求的排队开销，降低系统整体负载。

负载均衡是为了应对高并发、大流量下应用的访问统一入口问题，实现流量分发以减轻单个服务器的压力。负载均衡常伴随资源的调度，采用添加或减少服务器数量的方式可实现弹性伸缩。

云计算和分布式应用的主要内容包括弹性机制的分类、弹性的精神定义、弹性的核心属性，以及扩展性和有效性的区别、弹性的正确测量和测试方法等。此外，如何评价云计算平台的弹性，以及如何使用工具和框架测量、评估云计算平台弹性，同样是云计算的重要内容。在云计算环境下，资源调度耗时是衡量云平台响应负载变化速度的重要指标。如何衡量和降低虚拟机的启动时间、

降低资源调度延迟是实现资源快速伸缩的重要内容。

第四节　微服务组织部署模型与方法

一、服务组织部署模型

1. 服务域划分与部署

实施微服务架构的第一步是对业务系统进行拆分以实现组件化。首先需要进行服务域划分，将业务系统拆分为不同的子系统，将子系统进一步拆分为更小的子系统，直至拆分为单个组件。服务域划分明确了各子系统的责任边界以及它们所服务的业务目标。通过服务域的划分，最终形成包含层级关系的树形结构，其中每个节点都对应一个子系统。通过服务域的划分可实现组织结构的灵活多变，从而构建可扩展性强的软件架构。

2. 服务域划分的需求分析

微服务系统中的服务数量众多，因此梳理服务之间的关系是一项繁琐的工作，会耗费大量的时间和精力。每组微服务都有其存在的目的以及满足的业务目标。然而，最大的挑战在于为不同的客户端定制 API，同时将所有的 API 与微服务之间的映射统一存储和配置，这为明确微服务与业务目标之间的关系带来了阻碍。

3. 进行领域划分的核心优势

（1）面向业务。将应用系统按照业务目标进行划分，能够建立清晰的组织机构，赋予领域自治权并明确领域的职责和边界，随后运用合理的部署方法，能够让 IT 设施和业务领域有效配合，为管理带来极大便利。

（2）可扩展性强。领域划分面向业务，能够根据业务的需求灵活变动，具有极强的适应性和可扩展性。通过划分不同的领域并配合有效的部署结构，可构建具有强可扩展性的 IT 基础架构。

（3）可用性高。服务位置信息的可用性决定了服务的可用性。与将服务信息全部存储在单个节点或者多个冗余节点不同，领域划分能够将服务信息按照层级结构分散存储于多个节点中。节点只存储部分服务信息，并且具备多个冗余节点，解决了单点失效导致全部服务信息不可用的问题。

二、微服务划分部署

服务域只与业务领域有关，不涉及业务模型的具体代码实现，而微服务则涉及业务功能的具体实现。微服务的划分是在同一个服务集内进行的，划分数量及大小和粒度都取决于其设计和实现方式。

微服务采用消息进行互相通信，每组微服务作为一个独立的进程存在，可以独立部署和维护。微服务使用轻量级的通信机制，通过定义良好的接口进行交互。微服务应满足两个基本目标，即实现粒度小和负责功能单一。

1. 实现粒度小

从实现角度来看，微服务的粒度较小，通常可以部署为单个进程；与传统单体式 Web Service 不同，能够实现秒级启动和停止。传统 Web Service 应用通常采用一个主进程和多个工作线程的模式。主进程负责监听请求，创建工作线程并将任务交给工作线程处理。工作线程属于整个主进程的一部分。然而，主进程的启动通常需要几分钟至十几分钟的时间，如果主进程崩溃则会导致整个应用不可用。

2. 负责功能单一

从业务角度来看，每组微服务只负责一项功能，具有清晰的边界，并遵循功能最小化原则。与传统 Web 和 SOA 下的服务不同，微服务以业务为中心，对微服务的管理聚焦在业务层面。

综上所述，微服务的划分策略是根据每个服务集的业务目标选择的，从实现的角度将服务集划分为不同的微服务。每组微服务专注于实现其所属服务集的业务目标。同时，每组微服务遵循功能最小化原则，微服务之间通过定义良好的唯一接口进行通信。微服务关注的是技术实现细节，而非业务领域本身。

三、微服务的部署方法

部署微服务有多种方法，其中 Docker 容器技术是一种常见且被广泛认可的最佳实现和部署方法。微服务之间相互独立，只通过定义良好的接口进行通信。微服务的实现不受开发语言、运行环境和框架的限制，依靠容器技术可实现不同微服务运行环境的互相隔离。微服务部署示例如图 7-3 所示。

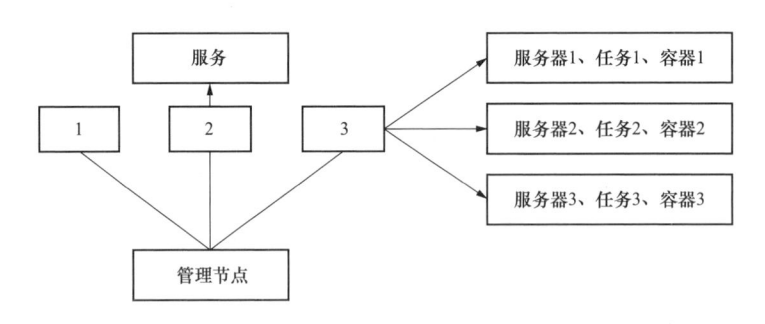

图 7-3 微服务部署示例

自 Docker Engine 1.12.0 版本开始，Docker 开始支持在 Swarm 模式下运行。Swarm 模式可视为一个虚拟 Docker 主机，并提供了一组管理集群节点的命令行接口和 API，用于创建集群、部署服务和管理集群。为了实现微服务的部署，可以使用 1.12.0 版本以上的 Docker，并以 Swarm 模式作为基础环境。为了描述方便，首先介绍 Docker Swarm 的概念：

（1）节点。参与集群的一个实例，运行在物理机或者云服务器上。

（2）管理节点。具备集群管理功能的节点，可实现集群管理、维护集群状态、分配任务给工作节点等功能。管理节点也可兼具工作节点的功能。

（3）工作节点。从管理节点接收和执行任务的节点。

（4）服务。定义工作节点上执行的任务。创建服务时，需要指定容器镜像和容器中运行的命令。

（5）任务。由 Docker 容器和相应的命令组成，是集群调度的基本单位，通常一项任务启动一个容器。

管理节点根据部署微服务时设定的副本数量，将任务分配给工作节点，由工作节点启动容器运行微服务。一旦任务被分配给一个节点，就只能在该节点上运行，无法迁移至其他节点。如果集群管理节点检测到运行失败，则会重新分配任务给其他节点。

在微服务组织结构中，服务集细分为多组微服务，这些微服务合作完成所属服务集的业务目标。为了减少微服务之间调用产生的网络开销，需要将同属一个服务集的微服务部署在同一个 Docker 集群中，并且每组微服务在工作节点上运行多个实例。微服务之间的调用只发生在同一工作节点的不同容器之间，调用本质上是进程间通信，而不涉及不同节点之间的网络通信。

第五节　微服务中的通信模式

在单体式应用中，通常会将应用的多个实例部署在多个服务器上，应用实例向外部公开相同的接口，客户端通过超文本传送协议（hypertext transfer protocol，HTTP）向这些访问端发出请求以获取数据。API 网关通过负载均衡机制将请求分发至多个应用实例，并在完成请求后返回响应给客户端。

在基于微服务的应用中，每组微服务都要向外部暴露细粒度的服务提供点，此时客户端有两种通信方式：客户端直接与服务端通信和客户端通过 API 网关与服务端通信。

一、客户端直接与服务端通信

客户端直接向微服务的对外暴露地址发出请求，经由负载均衡机制将请求

分发至多个微服务实例，最后由实例返回响应给客户端。客户端直接与服务端的通信如图 7-4 所示。

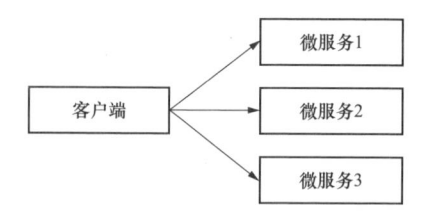

图 7-4　客户端直接与服务端的通信

这种通信方式的优点是只要微服务的地址和通信地址协议不变，客户端就无须变更；但缺点是为了完成一项业务功能，客户端需要多次调用不同的微服务，与服务端多次的网络通信会给客户端带来较大的响应延迟，并且服务端重构往往会导致客户端变更。

二、客户端通过 API 网关与服务端通信

客户端不直接与服务端通信，而是首先向 API 网关对外暴露的统一接口发出消息，随后网关向多个服务发出请求，并将收到的响应返回给客户端。客户端通过 API 网关与服务端的通信如图 7-5 所示。

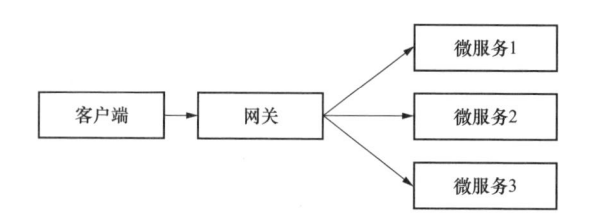

图 7-5　客户端通过 API 网关与服务端的通信

这种通信方式的优点是客户端无须知道微服务的地址和通信协议，只需与网关交互一次，网关对客户端屏蔽了与微服务的通信细节；但缺点是网关本身必须是高可用的组件，实现和管理维护的成本较高，并且当微服务变化时，开发者必须更新网关对外暴露的服务点。

为了确保客户端请求能够到达容器集群，可以在服务网关层部署反向代理服务器，由反向代理服务器配置进入集群中不同微服务的地址。处于服务网关层中的反向代理服务器连接了服务域层和容器集群层，它向外暴露统一的端口，并针对不同的服务配置访问路径。

第八章
微应用平台的发展趋势及技术展望

第一节 服务网格白热化

服务网格是一种专注于服务间通信的基础设施层，也是目前最受关注的与云原生相关的话题。随着容器的普及，服务拓扑的动态变化对网络功能提出了更多的要求。服务网格通过服务发现、路由、负载均衡和可观察性来管理流量，简化容器本身的复杂性。

随着 HAProxy、Traefik 和 Nginx 逐步将自身定位成数据平面，服务网格也变得越来越流行。尽管服务网格还没有得到大规模部署，但一些企业已经在生产环境中使用了它。此外，服务网格不仅适用于微服务或 Kubernetes 环境，而且可以被用于虚拟机和无服务器架构的环境。例如，美国国家生物技术信息中心尽管没有使用容器，但却使用了 Linkerd。

服务网格还可以应用在混沌工程中。通过服务网络可以向系统注入延迟和故障，而无须在每台主机上安装后台进程。

第二节 事件驱动架构的崛起

随着业务场景的不断变化，基于推送或事件的架构正在成为一种趋势。服务向订阅事件的观察者容器发送事件，容器做出异步响应，而事件发送者可能对此一无所知。与请求-响应式架构不同，在基于事件的系统架构中，发起事件的容器并不依赖于下游的容器，它们的处理过程和加载的事务与下游容器的可用性或完成情况无关。这种架构的另外一个优点是，开发者可以更加独立地设计各自的服务。

在容器环境中使用基于事件的架构时，功能即服务（function-as-a-service，FaaS）可以发挥重要作用。在 FaaS 架构中，功能以文本的形式保存在数据库中，并通过事件来触发。在调用一个功能时，API 控制器会接收一条消息，并通过负载均衡器将其发送到消息总线，调用者容器负责处理队列中的消息。消息处理完毕后，结果被保存在数据库中并发送给用户，而功能暂时休眠，等待下一次触发。

FaaS 具有两个主要优势：一是缩短了服务开发时间，因为除了源代码外，不需要创建其他任何东西；二是降低了开销，因为功能的管理和伸缩通常由 FaaS 平台（如 AWS Lambda）来负责。当然，采用 FaaS 本身也存在一些挑战。FaaS 要求解耦每组服务，这可能导致大量需要发现、管理、编配和监控的服务出现。由于缺乏对服务依赖链的全面了解，FaaS 系统难以调试，而且可能会出现无限循环依赖问题。

目前来看，FaaS 并不适用于处理时间较长、需要加载大量内存数据或需要稳定性能的场景。开发者主要使用 FaaS 来运行后台作业和处理临时事件，但相信随着存储层速度的加快和平台性能的提升，FaaS 的应用场景会越来越多。

第三节 安全模型的变化

由于内核访问的限制，部署在容器中的应用程序相对安全。在虚拟机环境中，虚拟设备驱动器是唯一暴露可见性的地方。而在容器环境里，操作系统提供了系统调用和丰富的信号源。以往管理员需要在虚拟机中安装代理来实现管理，但这种方式复杂且涉及内容繁多。相比之下，容器提供了更清晰的可见性，

并且与容器的集成会更加容易。

根据 451 Research 公司发布的一份调查报告显示，安全性是阻碍容器普及的最大障碍。在初始阶段，安全漏洞就已成为容器环境最主要的问题。随着越来越多的容器镜像发布，确保这些镜像不含漏洞便成为当务之急。因此，容器镜像扫描和认证成为利润可观的业务。

在虚拟机环境中，Hypervisor 充当访问控制点的角色。而对于一个具备内核访问权限的容器来说，它可以访问内核上的其他所有容器。因此，使用容器的企业必须限制容器与宿主机之间的交互行为，以及容器可执行的系统调用。此外，确保宿主机的 Cgroup 和 NameSpace 配置正确也非常重要。

传统的防火墙通过 IP 地址规则来控制网络流量，但在容器环境中无法使用这种技术，因为动态编排需要重用 IP。在生产环境中，在运行时进行攻击检测是非常关键的安全手段，通过构建容器指纹和定义行为基准，可以检测出异常行为，并把攻击者隔离在沙箱中。451 Research 公司的报告指出，52%的企业在生产环境中使用了容器，这表明在运行容器环境时进行攻击检测是十分必要的。

第四节　从 REST 到 GraphQL

GraphQL 是一套查询语言 API 规范，由 Facebook 于 2012 年创建并于 2015 年开源。GraphQL 的类型系统允许开发者自定义数据 Schema，在不影响已有查询的前提下可以增加新字段或删除旧字段，也无须修改客户端。GraphQL 非常强大，因为它不会与特定的数据库或存储引擎绑定在一起。

GraphQL 服务器使用一组单独的端点来提供所有的功能。通过定义资源之间的类型和字段的关系，GraphQL 就可以追踪属性之间的关系，在单个查询中获取多项资源数据。相比使用 REST 时可能需要为单个请求加载多个 URL，GraphQL 减少了网络跳转，提高了查询速度，降低了单个数据请求所要耗费的资源。此外，GraphQL 返回的数据通常是 JSON 格式。

GraphQL 还有其他优点：①客户端和服务器端解耦，这使得它们可以分开维护；②由于 GraphQL 使用相似的语言进行客户端与服务器端的通信，调试变得更加容易；③查询结构与服务器端返回的数据结构完全匹配，因此相比其他语言（如 SQL 或 Gremlin），GraphQL 更加高效；④由于查询本身就反映了消息的结构，因此可以检测差异并识别未正确处理的字段；⑤查询变得更加简单，整个流程也更加稳定；⑥尽管 GraphQL 规范主要支持外部 API，但也适用于内部 API。

微服务架构模式使得每组服务都可以独立扩展。根据每组服务的需求可以选择合适的部署规模，同时能够使用更加适配服务资源的硬件。可以预料，微服务架构将在未来几年中对软件行业和其他与"互联网+"相关的行业产生更深远的影响。